JN271823

教科教育学シリーズ
10

技術科教育

橋本美保 ＋ 田中智志
監修

坂口謙一
編著

一藝社

刊行に寄せて

　教職課程の授業で用いられる教科書については、さまざま出版されていますが、教科教育にかんする教科書についていえば、単発的なものが多く、ひとまとまりのシリーズとして編まれたものはないように思います。教育実践にかんする一定の見識を共有しつつ、ゆるやかながらも、一定の方針のもとにまとまっている教科教育の教科書は、受講生にとっても、また授業を担当する教員にとっても、必要不可欠であると考えます。

　そこで、「新・教職課程シリーズ」の教職教養（全10巻）に続き、教科教育についても新たに教職課程用の教科書シリーズを刊行することにしました。この新しいシリーズは、教科ごとの特色を出しながらも、一定のまとまりがあり、さらに最新の成果・知見が盛り込まれた、今後の教科教育を先導する先進的で意義深い内容になっていると自負しています。

　本シリーズの方針の1つは、以下のような編集上の方針です。

　　○教育職員免許法に定められた各「教科教育法」の授業で使用される
　　　内容であり、基本的に基礎基本編と応用活用編に分けること。
　　○初等と中等の両方（小学校にない科目を除く）の指導法を含めること。
　　○教科の指導法だけではなく、各教科に密接にかかわる諸科学の最新
　　　の成果・知見を盛り込んだ、最先端の内容構成であること。
　　○本書を教科書として使用する受講生が、各自、自分なりの興味関心
　　　をもって読み進められるような、工夫を行うこと。
　　○原則として、全15回という授業回数に合わせた章構成とすること。

　本シリーズのもう1つの方針は、教育学的な観点を有することです。教科教育の基本は学力形成ですが、どのような教科教育も、それが教育である限りその根幹にあるのは人間形成です。したがって、学力形成は人間形

成と切り離されるべきではなく、学力形成と人間形成はともに支えあっています。なるほど、科学的な能力と道徳的な力とは区別されるべきですが、科学的な能力と心情的な力とは本来、結びついているのです。人間形成は、道徳的な能力の育成に収斂することではなく、心情的な力、すなわち人として世界（自然・社会・他者）と健やかにかかわる力を身につけることです。たとえば、算数を学ぶこと、国語を学ぶことは、たんに初歩的な数学、初歩的な国語学・文学の知見を、自分の願望・欲望・意図を達成する手段として身につけることではなく、世界全体と人間が健やかにかかわりあうための知見として身につけることです。たとえていえば、健やかな人間形成は家の土台であり、学力形成は建物です。土台が脆弱だったり破損していては、どんなに素敵な建物も歪んだり危険であったりします。

　人間形成の核心である世界との健やかなかかわりは、私たちがこの世界から少しばかり離れることで、ほのかながら見えてきます。古代の人は、それを「絶対性」と呼んできました。絶対性は、ラテン語でabsolutus（アブソリュートゥス）、原義は「（この世俗世界）から離れる」です。あえて道徳的に考えなくても、世事の思惑や意図から自由になって自然や生命、人や文化に向き合うとき、私たちの前には、本当に大切なこと、すなわち人が世界とともに生きるという健やかなかかわりが見えてきます。

　本書の編集は、技術科教育の領域で活躍されている坂口謙一先生にお願いいたしました。教職を志すみなさんが、本書を通じて、真に人間性豊かな、よりよい教育実践の学知的な礎を築かれることを心から願っています。

　　　　　　　　　　　　　監修者　橋本美保／田中智志

まえがき

　本書は、大学における技術科教員養成のための、いわゆる教科教育法関係の授業での活用を想定して編纂したものである。技術科の担当教員は、中学校教員普通免許状「技術」の所持者であるべきであるから、技術科教員養成とは、この教員免許状の取得を目的のうちに含む大学での専門教育である。

　ただし、本書は、技術科教員養成の授業を履修する大学生ばかりでなく、現在、中学校教員として技術科の授業を担当している現職教員や、技術科に限らず広く「技術・職業教育・訓練」に関心を持つ方々にもお読みいただきたいと希望している。

　本書全体を貫くモチーフは、権利としての「技術・職業教育・訓練」という思想である。すなわち、本書は、私たちの目の前にいる中学生たちは、誰一人として例外なく、基本的人権の1つとして、正当な技術科教育を受ける権利を有していると考えており、人間としてこれだけは譲れないという基本的人権の観点が、今日よりいっそう重要性を帯びていると認識している。子ども・青年たちを含めて、私たちは1人ひとりが、人間らしく尊厳をもって生き、幸福を追求する権利を有しているはずである。

　しかし残念ながら、日本の現実は、いたるところでこの当たり前であるべき論理がないがしろにされつつある惨状を顕わにしており、とくに子ども・青年たちに対して、次代を担う者としての自助努力の奮起を要請するなど、新たな過酷な生きづらさを強いている。政府筋によると、グローバル化が進展した「知識基盤社会」を生きる人々には、「正解のない課題、経験したことのない課題を解決していかなければならない」というアポリアが突きつけられているという［文部科学省コミュニケーション教育推進会議審議経過報告2011］。子ども・青年たちが担うべきとされた課題はあまりに大きい。

本来、学校での子ども・青年たちの学びは、主権者として生きることそのものであり、それゆえ、将来への希望をつむぐことができるように営まれなければならない。学ぶことは生きること、将来への希望をつむぐことと同義であるべきである。本書は、この当たり前であるべき教育権を確実に保障するための活路を、ユネスコとILOが「世界人権宣言」(1948年) 等にもとづいて「技術・職業教育・訓練」に関し綱領化したグローバルスタンダードに求めた。

　また、「技術・職業教育・訓練」においては実習が不可欠であること、そしてこの実習に臨む人々は、自らの力を総動員して全力で課題に立ち向かわなければならないことに改めて注目したことも本書の特徴を成していると考えている。

　なお、本書は、数少ない先行する類書のうち、佐々木享ほか編著『技術科教育法（改訂版）』（学文社、1994年）、斉藤武雄ほか編著『ノンキャリア教育としての職業指導』（学文社、2009年）、河野義顕ほか編著『技術科の授業を創る――学力への挑戦（改訂版）』（学文社、2011年）からとくに多くを学んでいる。絶版のものも含まれているが、併読をお薦めしたい。

編著者　坂口謙一

技術科教育 Contents もくじ

刊行に寄せて　*2*

まえがき　*4*

序章　「技術および労働の世界への手ほどき」としての技術科教育を　*10*

第1節　技術科とは　*12*
第2節　技術・家庭科が堅持するプロジェクト学習型生活主義　*14*
第3節　普通教育としての技術教育のグローバルスタンダード　*18*

第1部

中学校における普通教育としての技術教育の理論

第1章　技術科の教育課程　*24*

第1節　教育課程に関する国の基準と技術科　*25*
第2節　「技術の学力」と到達目標　*28*
第3節　「かなめ」としての教材　*30*
第4節　教師の「技術および労働の世界」観　*32*

第2章　技術科の歴史　*36*

第1節　技術科の誕生　*36*
第2節　技術科の変容と展開　*42*

第3章　技術科の教育条件整備　48

第1節　人的条件の問題と半学級　49
第2節　物的条件の問題と改善　53
第3節　自治体－学校の財政措置　58

第4章　技術科の教師　63

第1節　技術科の魅力　64
第2節　技術科の授業を創る　70

> COLUMN　中小企業の現場は学びの宝庫　76

第5章　技術科担当教員の養成　77

第1節　技術科担当教員の養成を行う大学・学部　78
第2節　技術科担当教員の養成カリキュラム　82
第3節　技術科担当教員の養成の課題　84

> COLUMN　工業科教員養成制度の特殊性　89

第6章　障害者の技術教育　90

第1節　障害者が教育を受ける場　90
第2節　特別支援学校の教育課程　92
第3節　知的障害者の職業・家庭科と作業学習　95

> COLUMN　基本的人権を尊重する特別ニーズ教育　100

Contents

第2部 技術科の授業

第7章　図面・製図に関する授業　102

第1節　製図学習の目的　103
第2節　製図学習の到達目標と指導計画　106
第3節　指導の要点と教材・教具　109
第4節　授業の展開例【等角図法】　111

COLUMN　好奇心は限りなく　115

第8章　材料と加工の技術に関する授業　116

第1節　なぜ「材料と加工の技術」に関する学びが不可欠なのか　117
第2節　単元「材料と加工の技術」の内容の構成　120
第3節　教材と教育方法　122

第9章　エネルギーの技術に関する授業　129

第1節　「エネルギーの技術」の教育目的と実践の課題　130
第2節　「エネルギーの技術」の小単元構成と到達目標　131
第3節　「エネルギーの技術」の具体的な教材と指導法　134
第4節　「エネルギーの技術」の学習指導事例　137

COLUMN　「ハイオク」って何？　141

第10章 ネットワークと制御の技術に関する授業　　142

第1節　ネットワークと制御の技術の学習の目的　　143
第2節　ネットワーク技術と制御技術の授業の指導計画　　146
第3節　ネットワーク技術と制御技術の授業のための
　　　　教材・教具・指導例　　148

第11章 ３次元ディジタル生産の技術に関する授業　　156

第1節　「立体グリグリ」による３次元CAD実践　　157
第2節　「グリロボ」によるディジタル加工実践　　163
第3節　３次元ディジタル生産の技術のこれから　　165

第12章 食料生産の技術に関する授業　　169

第1節　「食料生産の技術」を教え学ぶ意味　　170
第2節　単元「食料生産の技術」――基本的枠組み　　171
第3節　単元「食料生産の技術」の内容　　175

第13章 ロボットコンテスト・知財に関する授業　　183

第1節　ロボコンの教育的意味　　184
第2節　ロボコンの到達目標と単元構成例　　189
第3節　ロボコン指導の要点と教材・教具
　　　　および新たな授業への挑戦　　190

終章　希望をつむぐ21世紀の技術科教育　　199

第1節　技術科の教育力に確信をもつ　　200
第2節　「3.11」後の技術科の課題　　204

序章

「技術および労働の世界への手ほどき」としての技術科教育を

はじめに

　すべての子ども・青年のための普通教育としての技術教育は、グローバルスタンダードに則すならば、「技術・職業教育（technical and vocational education）」あるいは「技術・職業教育・訓練（technical〔and〕vocational education and training：TVET）」の一環に位置づけられている。

　普通教育とは、性別や出自、経済的環境、障害の有無等に関わらず、すべての人々に学ぶ機会を保障し、現にその教育機会を提供している教育のことである。後述するように（第3節）、ユネスコ（UNESCO〔United Nations Educational, Scientific and Cultural Organization〕：国際連合教育科学文化機関）は、ILO（International Labour Organization：国際労働機関）等と緊密な連携を取りながら、「技術・職業教育（・訓練）」の普通教育の部分を、「技術および労働の世界への手ほどき（an initiation to technology and to the world of work）」として営むことを強く求めてきた。近年では、「技術・職業教育・訓練」に関するユネスコの2012年「上海合意（Shanghai Consensus）」におい

て、こうした普通教育としての「技術・職業教育（・訓練）」のさらなる発展が志向されている。日本の中学校における教科「技術・家庭」（以下、「技術・家庭科」）の「技術分野」、すなわち技術科についても、グローバルスタンダードに見合う普通教育としての技術教育として、よりいっそうの強化・充実をめざさなくてはならない。

　さて、世界的にみると、普通教育としての技術教育が、「技術および労働の世界への手ほどき」として営むことが期待されているのはなぜか。それは、端的にいえば、普通教育としての技術教育が、人間らしく尊厳をもって生きるという基本的人権の保障と実現のために、学ぶ権利（教育権）と働く権利（労働権）を統一的に把握しようとする「技術・職業教育（・訓練）」の一環に位置づけられているからに他ならない［斉藤ほか 2009:i］。

　人間らしく尊厳をもって生きるためには、働きがいのある人間らしい労働（ディーセント・ワーク：decent work）を営むことが権利として認められなければならない。すなわち、国際的には、働きがいのある人間らしい労働に支えられて、人間らしく生きるためには、すべての子ども・青年たちに「技術および労働の世界への手ほどき」が不可欠であると考えられてきた。学校外に目を転じるならば、たとえば、子ども・青年たちを取り巻く現代のグローバル化した企業社会では、「社員」をじっくりと育てようとする余裕がますます失われつつあり、働く者は自助努力を通して成長するのが当たり前とみなす新自由主義的風潮が著しく強まっている。こうしたなかILOは、1999年以降、「すべての男女が、自由、公平、保障、人間としての尊厳が確保された条件のもとで、人間らしい生産的な労働（decent and productive work）を得る機会を促進する」［ILO 1999］ことに全勢力を注いでいる。

　日本の技術科もまた、すべての中学生が生涯を通じて幸福を追求し続けることができるようになるために、技術およびそれと結びついた労働の世界について、教え学ぶことにこだわらなくてはならない。このような基本的人権を尊重する立場からみた場合、技術科を含む普通教育としての技術教育は、すべての子ども・青年たちに、自らの生きる社会を主権者として

持続的発展可能なものにしていくために必要な、技術・労働に関する科学的認識と技能、技術・労働観を発達させ、そのことによって技術・労働の世界のすばらしさやおもしろさ、重要性と課題等を実感豊かに分かち伝える役割を有しているといえる（第1章）。

　子どもたちは、技術科の授業において、人々の暮らしや生活を根幹で支える技術・労働の世界に関する種々の学び、とくに自らの力を総動員して臨まなくてはならない多彩な実習に参加し、そこでの課題に全力で立ち向かい、社会的に通用する基礎的な実力を身につけていく。

第1節　技術科とは

1．定　義

　「技術科」という、中学校の教科に関する用語は、いわば業界用語である。中学校において必修や選択として開設する教科を定めている「学校教育法施行規則」第72条では、「中学校の教育課程は、国語、社会、数学、理科、音楽、美術、保健体育、技術・家庭及び外国語の各教科（中略）、道徳、総合的な学習の時間並びに特別活動によつて編成するものとする」とされており、「技術・家庭」という教科名は認められるけれども、「技術」という名称の教科は存在しない。このため、技術科について論じるためには、その意味内容をあらかじめ定義づける必要がある。

　本書でいう技術科とは、今日的にいえば、「技術分野」と「家庭分野」から構成された技術・家庭科の「技術分野」のことである（詳しくは第1・2章）。技術・家庭科がこれら2つの「分野」からなることは「中学校学習指導要領」により定められている。なお、中学校の家庭科とは、「家庭分野」のことである。

　技術科の担当教員は、「教育職員免許法」附則第2項による免許外教科担任制の趣旨などからみて、中学校教員普通免許状「技術」を所有する者

とすることを原則としている。他方、同様に中学校の家庭科の担当教員は、中学校教員普通免許状「家庭」の所有者をあてることを原則としている。

技術科は、必修教科と選択教科の２つが制度上存在する。制度とは、社会的な仕組みのことである。この制度には、大きくは、法令や規則などによる明文化された仕組みと、慣習などの明文化されていない仕組みの２つが存在するが、本書でいう制度とは、主要にはこのうちの前者のことである。

技術科は、1958年に中学校の必修教科の１つとして成立した。選択教科としての技術科は1977年から登場した。

2. 技術科の特殊性

技術科は特異な教科である。

第一に、技術科は、「学校教育法施行規則」上は単独の教科としては存在せず、技術・家庭科の一部分に過ぎない。言い換えれば、技術・家庭科は、本来異なる役割をもつ技術科と家庭科を複合化した特異な教科である。中学校教員免許状の「免許教科」のうちに「技術」と「家庭」が別個に位置づけられていることは、このことをよく表している。

第二に、技術科および技術・家庭科は、中学校のみに設けられた教科である。中学校に通う子どもたちの年齢層に相当する発達段階を青年前期と呼ぶことがある。技術科および技術・家庭科は、青年前期に固有の教科として位置づけられているということもできる。

なお、世界的にみても、青年前期に固有の教科として「技術・家庭」という名称の教科を設けている国は、管見によれば、日本と韓国の２カ国があるに過ぎない。韓国では、1997年の「第７次教育課程」以降、教科「技術・家庭（기술・가정）」が、中学校第１学年から高等学校第１学年まで（第７〜10学年）の必修教科として位置づけられている。ただし、韓国の「技術・家庭」は、大きくは「実科（실과）」という枠組みのもとに位置づけられて「実科（技術・家庭）」と表記され、小学校第５〜６学年の必修教科「実科」から接続する教科とされている［최유현 2010:164-166］。

第2節 技術・家庭科が堅持する
プロジェクト学習型生活主義

1. プロジェクト学習型生活主義という基盤

　以上のように中学校に固有の教科とされている技術・家庭科は、一方で、「学校教育法施行規則」に従って単一教科として取り扱われながら、他方で、「中学校学習指導要領」に従って、技術科と家庭科という事実上別個の２つの教科から複合的に構成されており、矛盾した構造をもつ。

　そして、教科発足以来のこの独特な構造の基盤となっているのが、技術科と家庭科の２つに共通する教育目的のうちの最も基礎的で重要視されるべきとする部分を、プロジェクト学習型生活主義とし続けていることであろう。この場合のプロジェクト学習型生活主義とは、プロジェクト・メソッド（project method）に類似した単元学習を教育課程の編成原理とする立場のことであり、技術科に焦点を合わせていえば、子どもたちを、身近な生活で直面する緊張感のある技術的問題へ立ち向かわせ、その問題解決の方法を考えさせながら実際に問題の解決に取り組ませ、さらに取り組み後に結果を省察させて、次の高まりのある問題へと進ませるという、子どもたちが慣れ親しんでいる生活を拠り所としながら、彼・彼女たちの能動的で主体的な一連の学習活動を生み出そうとするものである。プロジェクト・メソッドとは、一般に、①目的の設定→②計画化→③実行→④結果の省察、の４段階を繰り返し行うとされるカリキュラム原理である。

　このことを現行の中学校教育課程基準で確認しておこう。

　2008年に定められた「中学校学習指導要領」（文部科学省告示第28号）では、技術・家庭科の総括的な教育目的（「目標」）が、「生活に必要な基礎的・基本的な知識及び技術の習得を通して、生活と技術とのかかわりについて理解を深め、<u>進んで生活を工夫し創造する能力と実践的な態度を育てる</u>」とされている（下線は引用者）。これについて文部科学省「中学校学習指導要領解説　技術・家庭編」（2008年）では、「進んで生活を工夫することや創造

することは、技術・家庭科にとって最終的な目標である」とされるとともに、この「最終的な目標」を達成するために、子どもたちには「生活を営む上で生じる課題に対して、自分なりの判断をして課題を解決することができる能力、すなわち問題解決能力」を育むことが不可欠であるとされている。

　こうした中学校教育課程基準に準拠して編纂され、検定認可された技術科の教科書（文部科学省検定済教科書）は、現在3社から発行されている。このうちの2社の教科書は、最初に、学習の進め方として、「課題を明らかにしよう」→「計画を立てよう」→「製作・制作・育成をしてみよう」→「自分の学びをふり返ろう」（K社版）、「1　問題発見」→「2　計画」→「3　実行」→「4　評価・反省」→「5　次の問題への取り組み」（T社版）という形式に則る方法を図解し、推奨している。

　なお、これら2社の家庭科の教科書も同様に、学習の進め方について、「生活を見つめ、問題を見つけよう」→「調べてみよう・やってみよう」→「交流し合おう」→「生活に生かそう」→「ふり返ろう」（K社版）、「1　問題発見」→「2　計画」→「3　実行」→「4　評価・反省」→「5　次の問題への取り組み」（T社版）、と図解している。

2. プロジェクト学習を堅持し続ける技術・家庭科

　プロジェクト学習とは、プロジェクト・メソッドとそれに類似した経験主義的教育活動の総称であり、世界的にみて、概ね1910年代以降における近現代教育の象徴的存在の1つである。

　プロジェクト学習の日本における歴史は、子どもの自発的な活動を重んじる2つの新教育運動、すなわち、1910年代後半から1920年代前半に台頭した大正自由教育、そしてアジア・太平洋戦争後の1940年代後半から1950年代前半の戦後新教育のなかで勃興し、その後近年になって再び脚光を浴びるようになったとの見方が一般的である。換言すれば、1958年に登場した技術・家庭科は、アジア・太平洋戦争後の新学制下における経験主義的教育が急速に低迷し始めた後に登場した教科であったにもかかわらず、当

初から一貫して経験主義的なプロジェクト学習を教科活動の原理として採用し続けてきた。1958年告示の小・中の学習指導要領は、一般に、「全教科を通じて経験主義や単元学習に偏りすぎていたそれまでの戦後の新教育の潮流を改め、各教科のもつ系統性を重視し、基礎学力の充実を図った」と理解されている［中央教育審議会 2008:6］。

ところが、同じ1958年の技術・家庭科の創設に関し、文部省「教材等調査研究会中学校職業・家庭科小委員会」委員長などの立場からこの動きを主導した細谷俊夫（1909〜2005）は、技術科が志向すべき「一般教育としての技術教育は技術習得のための練習を主とすべきものではなく、それは問題解決のためのプロジェクトとして課せられるのが建前である。（中略）ともかくも学習内容をプロジェクトの形で取り上げることが、従来の〈やり方主義〉から脱皮して、考えさえ見させながら合理的な技術を習得させようとする技術・家庭科の新生面を拓くものとなる」と主張した［細谷 1969:208］。

近年、技術・家庭科以外でもさまざまな場面においてプロジェクト学習あるいはプロジェクト活動が再評価されている［ニューエル 2004, 鈴木 2012, 田中・橋本 2012 など］。2008年の中央教育審議会答申のことばを借りると、この背景には、今日の子ども・青年たちは「変化が激しく、新しい未知の課題に試行錯誤しながらも対応することが求められる複雑で難しい時代」［中央教育審議会 2008:22］を生き抜かなければならないという危機感がある。すなわち、プロジェクト学習は、正解が一様ではない複雑な問題に合理的に立ち向かい、創意工夫を発揮しながら効力が大きい解決策を導くことが国民的規模で強く求められる時代に広く開花し、台頭すると考えられる。

3.「生物育成」の本質としての合理的な試行錯誤

第2章「技術科の歴史」においてやや詳しく述べるけれども、技術科は当初「工的内容を中心とする系列」と説明されており、実際に技術科は「工的内容を中心」として内容構成された。

この場合、「中心とする」という表現は、「工的内容」以外の内容を含ん

でいるという意味である。技術科におけるこの「工的内容」以外の代表的内容としては、技術科が誕生した当初から、単元「栽培」などにより、一貫して作物栽培が位置づけられてきた。そして、現行の2008年改定中学校教育課程基準の下では、この作物栽培に関する指導・学習は、必修単元の1つ「C　生物育成に関する技術」として、家畜や魚介等の飼育が加えられ、「生物育成」の観点を強めながらよりいっそうの充実が求められるようになった。

　このように技術科の制度は、「工的内容を中心」としながらも、何ゆえに作物栽培や「生物育成」に関する内容を排除することなく整合的に取り扱うことを可能にしてきたのであろうか。端的にいえば、それは作物栽培や「生物育成」の営みが、本質的に、熟慮された経験の積み重ねや合理的な試行錯誤を不可欠とする高度な問題解決を要請するからであり、教科活動の原理として、実効性の高い創意工夫を育むためのプロジェクト学習を重視しようとする技術科にとって有為な役割を果たすとみなされているからであろう。

　以下においては、このことを専門的な農業教育を行う高等学校農業科の科目「農業科学基礎」用の検定教科書［塩谷ほか 2012:8-10］に即して簡単に整理しておきたい。なお、「農業科学基礎」は、2002～2003年一部改定の高等学校教育課程基準に準拠した科目である。

　この教科書では、「農業学習」とは「生き物から学ぶ」ことであり、「動物や植物を育てることによって、生き物の成長過程とその特質を学びとることができる」とされている。ただし、「生き物」の「成長過程」には、「生命体のもつ神秘的で不思議な世界が次々に発生する」から、「農業学習には楽しさがある反面、大変さやむずかしさもある」とされている。

　そして、こうした困難な課題が少なくない「農業を学ぶときに大切なことは、みずから進んで疑問の解決にとり組もうとする姿勢」であり、「農業の学習は、みずからの栽培体験や飼育体験を通して理解されることが多い」こと、「このような学習に最適な方法としてプロジェクト学習がある」と解説されている。

第3節 普通教育としての技術教育のグローバルスタンダード

1. 20世紀における技術・職業教育に関するユネスコの綱領

　国連の専門機関の1つであるユネスコは、1974年の第18回総会において、「技術・職業教育に関する改正勧告（Revised Recommendation concerning Technical and Vocational Education）」を採択した（以下、1974年「改正勧告」）[UNESCO 1974, 国際教育法研究会編 1987:205-225, 技術教育研究会編集部 2000:74-75]。

　この1974年「改正勧告」は、まず前文において、1948年の「世界人権宣言（Universal Declaration of Human Rights）」（第3回国連総会採択）による労働権（第23条）と教育権（第26条）にもとづいて、「あらゆる人びとは現代社会への完全な参加を可能にする教育への権利を有する」と言明している。また、「ユネスコとILOが、調和のとれた目標を追求するため、それぞれの文書の作成に当たって両機関の間の緊密な協力を行っていることに注目」しているとされている。

　これらのことを前提として1974年「改正勧告」は、「職業分野への準備としての技術・職業教育」（第5章）、「継続教育としての技術・職業教育」（第6章）などのほか、第4章として「普通教育の技術・職業的側面」と題する項目を立て、この第4章のうちの第19条において、「技術および労働の世界への手ほどき（an initiation to technology and to the world of work）は、これがなければ普通教育が不完全なものとなるような普通教育の本質的な構成要素であるべきである。（中略）この手ほどきは、カリキュラムの必修の構成要素として、初等教育から始まり、中等教育の初期まで継続するべきである」と定めた。

　また、続く第22条において、「学校における必修の一般的な技術・職業の学習」では、①「問題解決的および実験的な方法を基礎とし、かつ、計画の方法および意志決定についての経験を含めること」、②「学習者に広範な技術的諸分野への手ほどきをすると同時に、生産労働（productive work）の場への手ほどきを行うこと」、③「道具の使用、修理、保守および安全対策といった有益な実際的技能を駆使する能力」や「図式的な方法の利用を含むコミュニケーションの能力」を「発達させること」などを謳っている。

　この後ユネスコは、1989年の第25回総会において、1974年「改正勧告」等を踏まえながら、「技術・職業教育に関する条約（Convention on Technical and Vocational Education）」を採択した（以下、1989年「条約」）［UNESCO 1989］。この1989年「条約」では、第3条第2項において、「技術・職業教育は、生涯教育の文脈に立って、開放的で柔軟な構造の枠組みのなかで行うよう計画されるべきであり」、「普通教育におけるすべての子ども・青年たちのための技術および労働の世界への手ほどき（an introduction to technology and to the world of work）」などを「提供すべきである」と定められた。

　なお、この1989年「条約」は、1991年に発効しているが、日本は批准には至っていない。2008年、日本政府はこのことについて、「この条約に規定する内容の実現につきましては、批准の有無にかかわらず、行政遂行上余り問題はないと考えております」と国会で答弁している［国立国会図書館調査及び立法考査局編 2013:44］。「行政遂行上余り問題はない」のであれば、日本は直ちに1989年「条約」に批准すべきであろう。条約は、一般に国内法よりも優先される。

2. 21世紀のグローバルスタンダードとしての「技術・職業教育・訓練」

　ユネスコは1989年「条約」の後、2001年の第31回総会において、1974年「改正勧告」の一部改訂版（「技術・職業教育に関する改正勧告」）を採択している（以下、2001年「改正勧告」）。この2001年「改正勧告」は、1974年「改正勧告」における前述した注目すべき部分について概ね同じ内容となっており、1974年「改正勧告」や1989年「条約」の基本テーゼを、21世紀がスタートする時点でも依然として有効であるものとして確認し、将来性があることを提唱するものとなっている。

すなわち、2001年「改正勧告」は、1974年「改正勧告」と同じく第19条において、「技術および労働の世界への手ほどきは、普通教育の本質的な構成要素であるべきである。(中略)この手ほどきは、カリキュラムの必修の構成要素として、初等教育から始まり、中等教育の初期まで継続するべきである」と定めている。また、同様に第22条において、「学校における一般的な技術・職業の学習」では、①「問題解決的および実験的な方法を基礎とし、かつ、計画の方法および意志決定についての経験を含めること」、②「学習者に広範な技術的諸分野への手ほどきをすると同時に、生産労働の場への手ほどきを行うこと」、③「道具の使用、修理、保守および安全対策といった有益な実際的技能を駆使する能力」「チームのメンバーとして働く能力や技術的情報に関するコミュニケーションの能力」を「発達させること」などを求めた。

　ユネスコは近年、以上の「技術・職業教育」を「技術・職業教育・訓練」という枠組みとして再構成している。もちろん、この「技術・職業教育・訓練」のうちにも普通教育の一環としての活動が位置づけられており、しかもこの普通教育としての「技術・職業教育・訓練」をよりいっそう整備しようとする意向が示されている。たとえば、2012年に中国の上海で開催された「技術・職業教育・訓練」の第3回「世界大会」では、「上海合意」という「勧告」が採択されており、この「上海合意」では、1989年「条約」と2001年「改正勧告」について、「変化しつつある世界情勢に適合した新たな、または改訂された標準的な協定書を可能な限り策定する視点を持って」、それらの「適切さと現在性を検討する」とされた [UNESCO 2012]。

おわりに

　ユネスコがILOと連携して推進している「技術・職業教育（・訓練）」に関する一連の活動については、個々の具体的内容のみならず、活動の枠組みそれ自体が重要な意味をもつと考えるべきである。言い換えれば、技術科の教育活動については、この教科の制度的側面のみに注目すると、とも

すれば中学校という学校のなかの技術教育として捉えることに終始してしまいがちになるけれども、世界的視野に立つならば、そうした考え方は決して標準的ではないことになる。ユネスコ等が綱領化したグローバルスタンダードとしての普通教育としての技術教育は、普通教育としての「技術・職業教育・訓練」と表現することもできる営みであり、職業高校の専門教育など、学校内における専門的な技術・職業教育のみならず、学校の外部における公共職業訓練などの職業教育・訓練とも切り離すことができない一体性をもつものとして認識されている。日本では一般に、中学校の技術科を、このような学校内外に広範に存在する「技術・職業教育・訓練」の一部とみなす世界標準的な視野は残念ながら乏しい。

　すべての子ども・青年たちのための普通教育としての技術教育は、グローバルスタンダードに準拠するならば、「技術および労働の世界への手ほどき」を推進する営みとして位置づけることを通して、よりいっそうの充実が図られるべきである。技術教育研究会は、このような「普通教育としての技術・職業教育」は、「職業準備・職業向上のための専門的な技術・職業教育」、および「労働の世界にかかわる人権教育としての職業指導」とともに「三位一体のものとして保障されることが不可欠」であると指摘しており、注目される［斉藤ほか編著 2009:i, 190-191など］。

参考文献

　国立国会図書館調査及び立法考査局編『わが国が未批准の国際条約一覧（2013年1月現在）』2013年

　塩谷哲夫ほか『農業科学基礎』（新訂版）実教出版、2012年（2006年検定済）

　鈴木敏恵『プロジェクト学習の基本と手法——課題解決力と論理的思考力が身につく』教育出版、2012年

　田中智志、橋本美保『プロジェクト活動——知と生を結ぶ学び』東京大学出版会、2012年

斉藤武雄ほか編著『ノンキャリア教育としての職業指導』学文社、2009年
中央教育審議会「幼稚園、小学校、中学校、高等学校及び特別支援学校の学習指導要領等の改善について（答申）」2008年
ニューエル，ロナルド・J（上杉賢士、市川洋子監訳）『学びの情熱を呼び覚ますプロジェクト・ベース学習』学事出版、2004年
技術教育研究会編集部「資料『技術及び職業教育に関する条約』」『技術教育研究』第55号、2000年
国際教育法研究会編（永井憲一監修）『教育条約集』三省堂、1987年
細谷俊夫『教育方法』（第2版）岩波書店、1969年
최유현『기술교과교육의 탐구』형설출판사、2010年

UNESCO, *Shanghai Consensus:Recommendations of the Third International Congress on Technical and Vocational Education and Training*, 2012.
　▶http://www.unesco.org/new/fileadmin/MULTIMEDIA/HQ/ED/pdf/concensus-en.pdf

UNESCO, *Revised Recommendation concerning Technical and Vocational Education*, 2001.
　▶http://unesdoc.unesco.org/images/0012/001214/121486eo.pdf

ILO, *Report of the Director General : Decent Work*, 1999.
　▶http://www.ilo.org/public/english/standards/relm/ilc/ilc87/rep-i.htm

UNESCO, *Convention on Technical and Vocational Education*, 1989.
　▶http://portal.unesco.org/en/ev.php-URL_ID=13059&URL_DO=DO_TOPIC&URL_SECTION=201.html

UNESCO, *Revised Recommendation concerning Technical and Vocational Education*, 1974.
　▶http://www.unevoc.unesco.org/

（すべて2014年9月1日アクセス）

第1部

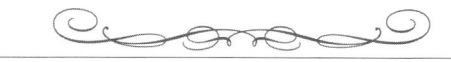

中学校における普通教育としての技術教育の理論

第1章 技術科の教育課程

はじめに

　教育課程とは、各学校・教師が、教科や道徳、特別活動など、種々な教育営為について主体的に編成することを原則とした活動計画のことである。日本では、各学校・教師がこの教育課程を編成する際、「学校教育法」にもとづき、国の基準に準拠することになっている。技術科の教育課程についてもこの教育課程制度が適用されている。
　普通教育としての技術教育を担う技術科は、すべての中学生に確かな「技術の学力」を育み、そのことを通して、社会的ものづくり（生産）の世界のすばらしさやおもしろさ、あるいは重要性や課題を実感豊かに分かち伝えることを役割としている。

第1節　教育課程に関する国の基準と技術科

1. 教育課程に関する国の基準

　技術科を含む中学校の教育課程に関する国の基準（以下、「中学校教育課程基準」）は、2008年に大きく改められた。すなわち、現行の技術科の教育課程に関する国の基準は、大きくは、①2008年に一部改正された「学校教育法施行規則」（法律第96号）、②2008年に全面改正された「中学校学習指導要領」（文部科学省告示第28号）、③2008年に文部科学省が策定した「中学校学習指導要領解説　技術・家庭編」（冊子体は［文部科学省2008］）、の3つから構成されている。いわば中学校教育課程基準の3点セットである。
　以下に述べるように、2008年にこれらの国の基準により新たに登場した技術科の現行制度は、2012年度から全面実施され始めたものである。

2. 中学校教育課程基準による技術科の位置づけ

　中学校教育課程基準のうち、中学校の「教科」の1つとして「技術・家庭」（以下、「技術・家庭科」）を設けることを定めているのは、「学校教育法施行規則」（第72条）である。技術・家庭科は中学校のみに位置づけられた中学校固有の教科であり、必修と選択の2つが制度上存在する。
　また、「学校教育法施行規則」は、必修の技術・家庭科の年間標準授業時数について、第1学年と第2学年が70時間、第3学年が35時間と定めている（「別表第二」）。
　この標準授業時数については、さらに「中学校学習指導要領」により、「技術分野」（技術科）と「家庭分野」（家庭科）の「いずれかの分野に偏ることなく配当して履修させること」と定められているので（「指導計画の作成と内容の取扱い」）、必修の技術科の年間標準授業時数は、通常、第1学年と第2学年が35時間、第3学年が17.5時間となる。この標準授業時数は、

1998年の中学校教育課程基準の改定から変更はなく、一貫している。週あたりの授業時数に換算すると、第1学年と第2学年が1時間、第3学年が0.5時間であり、第3学年で週1時間にも満たなくなるなど、必修の技術科の標準授業時数は著しく少ない。

また、2008年の中学校教育課程基準の改定では、選択教科の位置づけが大きく変わり、選択教科を実施する場合、「学校教育法施行規則」で定められた「総授業時数」の枠外で授業時数を確保することになった。すなわち、「中学校学習指導要領」により「各学校においては、選択教科を開設し、生徒に履修させることができる」(「総則」)と定められたものの、「学校教育法施行規則」の標準授業時数表(「別表第二」)では従来のように「選択教科等に充てる授業時数」が設けられることはなく、中学校の選択教科の制度は、実際上は機能しなくなった。

こうした選択教科が事実上廃止されたに等しい状況は、従来から必修の授業時数が少なく抑えられてきた技術科にとって、授業時数がさらに削減されたともいえる重大な影響を与えており、痛手になると考える教師に少なくない。選択教科としての技術科は、技術科の教師にとって、新たな授業や教育活動を主体的に創造していくための挑戦の場でもあった(第7章参照)。

そもそも中学校の教科制度は、小学校とは異なり、中学校が誕生した1947年から、高等学校と同様に必修と選択の2つから構成されてきた。中学校の選択教科の制度は、中学校が高等学校とともに中等教育の学校、あるいは大衆的な青年期教育を担う学校として位置づけられてきたことによるものとみてよいであろう。その意味で2008年にこの選択教科の制度が事実上廃止されたに等しい取り扱いを受けたことは、中学校という学校の性格が大きく変化し、中等教育の前期課程の学校というよりもむしろ、小学校とともに義務教育を構成する学校という位置づけが強まったとみることができよう。このことは重大な問題であるが、議論は少ない。

3. 技術科（必修）の単元構成

　必修の技術科の単元構成に関する国の基準は、「中学校学習指導要領」により定められている。単元とは、教え学ぶ内容の有機的なまとまりのことである。

　「中学校学習指導要領」では、技術・家庭科の最も基本となる単元を「2　内容」のうちに含めている。現在の技術科の単元は、2008年改定の「中学校学習指導要領」により定められている。すなわち、技術科は、「A　材料と加工に関する技術」「B　エネルギー変換に関する技術」「C　生物育成に関する技術」「D　情報に関する技術」の4つの単元から構成されると定められている。これらはすべて必修とされている。

　なお、技術・家庭科のこうした単元は、かつては「領域」と呼ばれることもあったが、1998年改定の「中学校学習指導要領」からこの「領域」という用語は使われなくなった。

　技術科の現行の必修4単元は、それ以前の技術科の2単元の内容をすべて必修化する方向で再編してつくられたとみることができる。2008年の前、2003年一部改定の「中学校学習指導要領」では、技術科の単元は、「A　技術とものづくり」「B　情報とコンピュータ」の2つから構成され、それぞれが、4つの必修「項目」と2つの選択必修「項目」の計6「項目」からなると定められていた。2008年の「中学校学習指導要領」は、これら6「項目」をすべて必修にする方向で新たな4単元を創設したとみることができる。

　2008年から国の教育課程基準として登場した技術科の上記4単元は、技術教育研究会や日本産業技術教育学会が、普通教育としての技術教育に関する諸外国の情勢を踏まえて立案した中学校（第7〜9学年）段階の単元構成案と近似していた［坂口2011］。現行の技術科4単元構成は、枠組みとしては世界水準に近づいたものになったとみることができる。

　しかし他方で、前述のように、技術科の標準授業時数は極めて少なく抑えられたままである。この結果、2012年度以降の技術科は、いわば盛り沢

山の内容を、限られたわずかな授業時数のなかで消化しなければならなくなったところに深刻な課題の1つを背負うことになった。技術科は、世界的水準の普通教育としての技術教育に内容面で一歩接近したけれども、その意義が形骸化するおそれがある。

第2節　「技術の学力」と到達目標

1.「技術の学力」の構造

　教育学では、学校で子どもたちに身につけさせようとする力量を「学力」という概念で表し、対象化することに努めてきた。もちろん、子ども・青年たちの人格やさまざまな能力を育むことは元来壮大な課題であるから、「学力」概念ばかりでなく、「経験」や、1990年代以降はとくに「リテラシー」「キー・コンピテンシー」などのいわゆる「新しい能力」概念でこの課題に向き合おうとする試みも少なくない［松下2010］。本書では、技術科の授業を通して子どもたちに育もうとする力量のうちの最も中核的で基本となる部分を「技術の学力」と称することにしたい。

　この「技術の学力」は、そのように育まれることが望ましいというモデルとしてみると（図1）［技術教育研究会編1995:9］、大きくは上下2つの層からなっている。このうち下層は、「技術の学力」全体のベースとなる部分であり、上層はこの下層によって支えられている。

　「技術の学力」の下層は、技術・労働に関する科学的認識と技能の2つからなる。科学的認識はしばしば「……がわかる」と表現される力量であり、技能はしばしば「……ができる」と表現される力量のことである。

　「技術の学力」の上層は、技術・労働観である。技術とそれが利用される労働に対する見方のことであり、下層に位置づく技術・労働に関する科学的認識と技能がしっかりと育まれることに支えられて形成・発達する。言い換えれば、こうした「技術の学力」モデルでは、この技術・労働観の

みを個別に育むことはできず、技術・労働観は確かな科学的認識と技能に裏打ちされることによって豊かに育まれると考えられている。

技術・労働観	
技術・労働に関する 科学的認識	技術・労働に関する 技能

図1　「技術の学力」モデル

出所：筆者作成

2. 学力を具体化する到達目標

「技術の学力」は到達目標として具体化することができる。到達目標とは、個々の授業や単元等を通して、子どもたちが最低限獲得することが期待されたさまざまな客観的基準のことである。

子どもたちに「技術の学力」を意図的に育むためには、「技術の学力」を構成する前述した密接に関連する３つの側面、すなわち、技術・労働に関する科学的認識と技能、技術・労働観のそれぞれについて、あるいは少なくとも下層の科学的認識と技能について、到達目標を設定することが有効であると考えられている［河野ほか編著 2011:332-334］。

到達目標は、誰もが、そこに到達したか否かを明確に判断できる客観的基準でなくてはならない。たとえば、「木材には繊維方向があることがわかる」（科学的認識）、「等角図で表示された〇〇の立体を正投影図で書き表すことができる」（技能）など、具体性に富む文章として表現される。こうした客観的基準となり得る種々の到達目標を、発達の順序に即して有機的に並べて体系化したものが、モデルとしての「技術の学力」の発達である。また、この体系化された到達目標一覧は、技術科の教育課程の基本構造を成すことになる。

第3節 「かなめ」としての教材

1. 現実世界に生きる子どもと発達の源泉

　子どもたちは現実世界に生きている。その意味で子どもたちは具体的存在である。しかし、子どもたちが発達するためには、人類が永々と築き上げてきた英知と経験が凝縮された世界へ子どもたちを誘い、子どもたちがその世界の本質的部分をわがものとすることが不可欠であると考えられてきた。すなわち、人類の英知・経験が凝縮されたこの世界は、子どもの発達の源泉である。

　さて、子どもの発達の源泉は、人類のなみなみなる英知・経験がいわば塊として凝縮されたものであり、その多くは一般化・抽象化されて、誰もがそれをわがものとすることができるようになっている。概念、公式、法則、要素作業（オペレーション）などはその典型である。

　教育は、このように一般化・抽象化を中心として凝縮された人類のさまざまな英知・経験のなかから、教育内容を適宜取り出している。

2. 2つの対極的世界を橋渡しする教材

　しかし、現実世界に生きる具体的存在としての子どもにとって、このように一般的・抽象的な性格が色濃い発達の源泉（教育内容）は、自分との隔たりが大きい縁遠い存在として映ることが少なくない。

　ここに教師の不可欠な役割が浮かび上がる。教師はまず、子どもたちと発達の源泉との間には、もともと無視できない隔たりがあると認識することが決定的に重要である。教師は、授業を通して、子どもたちにとって隔たりが大きく近寄りがたく感じられがちな人類の英知・経験が凝縮された世界（教育内容）へ彼・彼女たちを導き、子どもたちが授業中にこの異界との間を何度も往還し、発達できるように意図的に仕組まなければならな

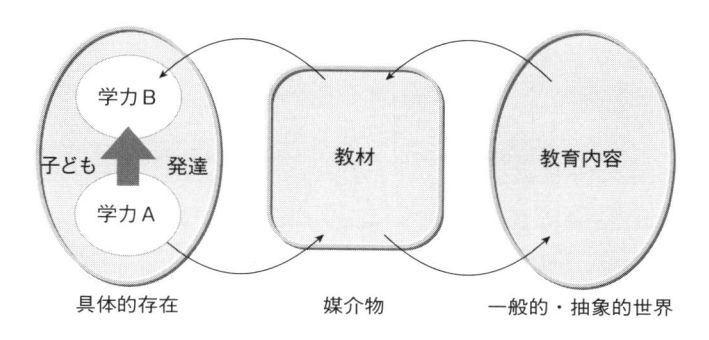

```
       学力B
子ども     発達      教材        教育内容
       学力A

  具体的存在      媒介物      一般的・抽象的世界
```

図2　子ども－教材－教育内容

出所：筆者作成

い［大谷 2009:57-60］。

　すなわち、教師は、具体的存在としての子どもが、一般的・抽象的な性格が強い教育内容の世界との間を無理なく行き来できるようにするため、子どもと教育内容とを橋渡しする媒介物をふんだんに活用する（**図2**）。この媒介物のことを教材という。教具は、この教材のうちの物化したものである［中内 1998:246］

　教材は、子どもたちを、彼・彼女たちにとって縁遠く感じられがちな深奥な世界へ導き、現実世界との間をよりよく往還させる媒介物である。

　ただし、人類の英知・経験は、元来現実世界のなかで生み出されてきたものである。それらが凝縮されて一般化・抽象化されていても、その裏側には豊かな現実世界が立ち現れているはずである。このため教材は、本質的には、一般化・抽象化されていることが少なくない教育内容の背後に隠れた現実世界を、子どもたちの眼前に生き生きと映し出す鏡の役割を果たさなくてはならない。この意味で媒介物としての教材には現実世界のリアリティーが溢れていなくてはならない。

　たとえば、1杯の牛丼は、牛肉（精肉）100ｇの生産過程で2000リットル近くの水が消費されている現実を映し出すことができる。農地の土壌を加熱すると、「土が燃える」現象を目の当たりにすることができ、この土

壌のなかに適度な腐植が存在している現実を実感させることができる。アニメ映画「もののけ姫」（スタジオジブリ制作、1997年）は、たたら製鉄の場合、1トンの鉄鋼を生産するのに0.5ヘクタール近くの薪炭林を伐採しなくてはならない現実を浮かび上がらせることができる［日本林業技術協会編2000:34-35］。

第4節　教師の「技術および労働の世界」観

1. 「技術および労働の世界」を読み取る「技術論」

　以上に概略を述べたように、教材の開発・利用や教育内容の選定・解釈など、技術科の授業づくりにとっては、現実の「技術および労働の世界」に対する教師の見方、すなわち教師の技術・労働観が、極めて重要になる。

　技術科の教師が、自身の技術・労働観を適切で洗練されたものに整えていく際、適確な「技術論」に依拠することが有効であると考えられている［河野ほか編著 2011:326-327］。「技術論」とは、「技術の科学」のうちの、技術の社会的経済的側面におもに対応したものである。なお、「技術の科学」は、この「技術論」と、技術の物質的自然的側面におもに対応した「技術科学」の2つからなる。

　「技術論」の言説は、技術の概念規定をめぐる立場の違いにもとづいて整理すると、①「応用（意識的適用）説」、②「手段（手段体系）説」、③「形態（行動の形態）説、その他」の3つに区分することができる［佐々木ほか編著 1994:28-30］。①は、技術は科学の応用あるいは知識の応用と考える言説である。②は、道具や機械、装置など、労働手段とその体系を技術と考える言説である。③は、①と②の折衷的な言説であり、しばしば技術の概念を主観的なものと客観的なものとの統一から規定しようとするものである。

　このうち、技術と技能とを明確に区別し、その意味で技能を最も大切に

する立場、換言すれば、労働における人間の主体性を最も尊重する立場は、②の言説である。

2. 「技術および労働の世界」を構成する単元

「技術論」は、技術科の単元構成の根拠にもなる。

技術科を普通教育の一環として「技術および労働の世界への手ほどき」とみなすと、子どもたちと分かち合おうとする「技術および労働の世界」をどう捉えるか、本来その教師の思索の結果が単元構成として現れてくる。このことを現在の中学校教育課程基準に即すと、中学生に対する「技術および労働の世界」は、「材料と加工に関する技術」「エネルギー変換に関する技術」「生物育成に関する技術」「情報に関する技術」の4つの小世界から構成されると考えられていることになる。本来この単元構成の善し悪しは、教師1人ひとりの技術・労働観によって判断されるべきである。

各種の製造業では、製図によって作成される図面が言語の役割を果たしてきた。商品の製造に関わる人々が、図面を介して、商品の形状等に関する諸情報を共有している。今日では、こうした従来型の2次元の図面に代わって、3次元CADデータが、より生産力の高い強力な言語になると目されている。実際に3次元CADデータは、設計や製造ばかりでなく、販売や保守など、より広範囲なさまざまな業務の「共通語」として活用されるようになった［日経ものづくり・ローランドディー．ジー．編著 2004:26-27］。

このうち製造部門では、図面や各種の生産情報の指示に従って、材料の特性などに応じた的確な加工・組み立てを行い、多種多様な商品を計画的に仕上げている。工業用材料の代表格は鉄鋼である。鉄鋼は、さまざまな生活財に使用されているばかりでなく、道具や機械などの種々な労働手段の主要材料とされている。木材は、主要な建築材料の1つである。

他方、農業は、基本的にこうした製造業とは異なる生産システムを成している。

農業の営みの中核は、食用の健康的な作物・動物を栽培・飼育すること

である。このうち最も中軸となる作物栽培は、農地という土地を基幹技術にして、作物という生物を育成する営みである。日本の農業は、こうした農業の特殊性を前提としながら、大きくは集約型の計画的な農業、すなわち複合化・多角化の方向で発展した。このため農産加工も日本の農業の重要な分野の1つとなっている。

さて、製造業の現代的な基幹技術は、機械から発展したコンピュータ制御オートメーションである。機械が基幹技術となった近代以降、その動力部は電動機となり、この電動機を運転するために多くの電力が不可欠となった。農業でも栽培・飼育施設の照明・空調、かんがい等に相当量の電力を必要としている。

さらに今日では、さまざまな労働手段等に組み込まれるなど、膨大な数に及ぶコンピュータを作動させるために大量の電力を必要としている。これらのコンピュータは、通常、インターネットに代表される情報通信ネットワークの一部を構成しており、このネットワークの運用のためにも多大な電力が使われている。

これらの電力を生み出す発電所では、いまなお外燃機関が中心的な役割を果たしている。ただし、人や物資の運搬については、内燃機関による交通手段も欠かせない。

おわりに

技術科の教師は、子どもたちが、現実世界と一般的・抽象的な性格が強い教育内容の世界との間を無理なく渡ることができるリアリティー豊かな橋を架ける（教材を開発・利用する）ことを通して、彼・彼女たちに、現実の「技術および労働の世界」の本質が凝縮された異界から放たれるすばらしさや辛辣さを実感豊かに分かち伝え、驚きや感動を与えることに日々努めなくてはならない。技術科の教師は、自身の「技術および労働の世界」観をつねに豊かに育むことが不可欠となる。

参考文献

河野義顕、大谷良光、田中喜美編著『技術科の授業を創る——学力への挑戦』(改訂版) 学文社、2011年

坂口謙一「小・中・高を一貫する普通教育としての技術・職業教育の教育課程編成に関する動向と課題」『技術教育研究』第70号、技術教育研究会、2011年、pp. 1～8

松下佳代編著『「新しい能力」は教育を変えるか——学力・リテラシー・コンピテンシー』ミネルヴァ書房、2010年

大谷良光『子どもの生活概念の再構成を促すカリキュラム開発論——技術教育研究』学文社、2009年

文部科学省『中学校学習指導要領解説　技術・家庭編』教育図書、2008年

日経ものづくり、ローランドディー.ジー.編著『３Ｄものづくり製造業勝利への道——成功企業の導入奮戦記とノウハウ』日経BP社、2004年

日本林業技術協会編『里山を考える101のヒント』東京書籍、2000年

中内敏夫著（木村元、斎藤里美、田中耕治編集）『「教室」をひらく——新・教育原論』(中内敏夫著作集１) 藤原書店、1998年

技術教育研究会編『すべての子ども・青年に技術教育を——小・中・高校を一貫した技術教育のための教育課程試案——すべての子ども・青年を持続的発展可能な社会の主人公に』(技術教育研究：別冊１号) 技術教育研究会、1995年

佐々木享、近藤義美、田中喜美編著『技術科教育法』(改訂版、各科教育法双書７) 学文社、1994年

第2章 技術科の歴史

はじめに

1958年に中学校の必修教科の1つとして技術科が成立してから半世紀が経過した。技術科の歴史的な前身教科が具体的な姿を現し始めたのに1881年頃と考えられる［久保ほか編著 2001:255］。それから約130年の間、必修の技術科の系譜に位置づく諸教科のなかで最も長期にわたって安定的に存続しているのは、この技術科および技術・家庭科である。

第1節 技術科の誕生

1. 必修制の技術科の成立

1958年、「学校教育法施行規則」の一部改正（文部省令第25号）と「中学校学習指導要領」（文部省告示第81号）により、中学校の必修教科の1つ

して「技術・家庭」(以下、「技術・家庭科」)が成立し、1962年度から全面実施された。

技術・家庭科は、「中学校学習指導要領」により、教科構造が大きくは「男子向き」と「女子向き」から構成された。技術・家庭科は、強固な男女別学制を導入して成立・発足したところに大きな特徴の1つを示す教科であった。この男女別学制は、約30年後の1989年まで抜本的な改善が持ち越された。このことについては後述する。

技術・家庭科のうちの「男子向き」は、「設計・製図」「木材加工・金属加工」「機械」「電気」「栽培」「総合実習」の6単元からなるとされた。この「男子向き」が技術科である。他方、「女子向き」は、「調理」「被服製作」「保育」「設計・製図」「家庭機械・家庭工作」から構成された。この「女子向き」を(中学校の)家庭科と称している。

これら技術科と家庭科については、技術・家庭科が成立する直前の教育課程審議会の答申「小学校・中学校教育課程の改善について」(1958年)により、「男子向き」は「工的内容を中心とする系列」、「女子向き」は「家庭科的内容を中心とする系列」と説明されていた。実際に技術科は「工的内容を中心」として構成された。

このように「学校教育法施行規則」上では「技術」という名称の単独の教科は設けられなかった。しかし、技術・家庭科は、「男子向き」の技術科と「女子向き」の家庭科という、本質的に異なる役割をもつ2つの教科が複合化された特殊な構造を成していることは「教育職員免許法」からみて明瞭であった。すなわち、1961年の「教育職員免許法」一部改正(法律第122号)により、中学校教員免許状の「免許教科」の1つとして、「家庭」とは別に「技術」が新設された。

なお、選択教科としての技術科は、1977年に成立する。また、知的障害をもつ養護学校中学部の生徒については、技術科や技術・家庭科はいまなお必修化されていない。これらについては後述する。

2. 必修制の技術・家庭科の成立の経緯

(1) 概　要

　日本では、1952〜1953年を境にして農業に残る農家の若者たちが40万人強から急激に減少し始め、1950年代後半には半減するに至った〔並木 1960:4-5〕。また、1957年、ソビエト連邦が人類史上最初の人工衛星スプートニクの打ち上げに立て続けに成功し、世界中に軍事的優位性を強く誇示した。

　1958年の技術・家庭科の成立は、教育政策としてみると、1950年代半ば以降の「技術革新」や高度経済成長等を推進力として、科学・技術と産業の国際競争力を飛躍的に高めるための緊迫した国策の一環に位置づいており、より具体的には、1957年の中央教育審議会答申「科学技術教育の振興方策について」などに示されたように、この国家政策の実現をめざした「科学技術教育振興」政策の一部を成していた。

　さて、1958年に成立した必修の技術・家庭科は、この教科の成立を含む中学校の教育課程基準の改定を検討してきた教育課程審議会の同年の答申「小学校・中学校教育課程の改善について」によると、従来の必修教科「職業・家庭」(以下、「職業・家庭科」)を中心としながら、この教科と、中学校における必修の教科「図画工作」(以下、「図画工作科」)のうちの「生産的技術に関する部分」とを再編・統合してつくり出された教科であった。すなわち、必修の技術・家庭科が成立する経路は、大きくは、必修の職業・家庭科からの経路と必修の図画工作科のうちの「生産的技術に関する部分」からの経路の2つが存在した。

(2) 職業・家庭科の経路

　このうちの職業・家庭科は、アジア・太平洋戦争の後、1947年度に今日の中学校が創設されたと同時にこの中学校の固有の教科として新設された教科「職業」(以下、「職業科」)を再編して、1949年から1951年にかけて段階的につくり出された教科であった。

職業科は、1947年度以前の旧学制下における国民学校高等科の必修教科「実業」（農・工・商・水）と同高等科における必修教科「芸能」のうちの女子のみ科目「裁縫」と「家事」を最も直接的な前身教科として誕生し、「農業」「工業」「商業」「水産」「家庭」から1「科目」以上を選択させる方式を採った。このうち「家庭」は、旧学制下の女子専用教科の性格を色濃く残していた。したがって、職業科は建て前としては男女必修であったとはいえ、多くの中学校は女子に「家庭」を履修させたため、旧来の男女別学の差別的構造が残存した。また、複数の「科目」から1つ以上を選択させる方式は、単一教科としての統一性をさらに希薄にした。そのうえ、教科ではない「職業指導」について、文部省『学習指導要領　職業指導編（試案）昭和二十二年度』（1947年）が発行され、「職業指導」と職業科との関係も曖昧となり、職業科の教科構造は複雑な様相を呈した。

　この後、職業科は早くも2年後の1949年、発学261号（5月）を経て、文初職第242号（12月）により「職業・家庭科という1つの教科」に再編され、1950年の「学校教育法施行規則」一部改正（文部省令第28号）によりこのことが確定した。ここでの単一教科化については、教育学者の海後宗臣（かいごときおみ）（1901～1987）らによる「実生活に役だつ仕事」を中心概念とした「職業科」改革構想が、文部省『中学校学習指導要領　職業・家庭科編（試案）昭和26年（1951）改訂版』（1951年）として結実した。

　この学習指導要領では、「1つの教科」となった職業・家庭科は、全国の中学生たちに、彼・彼女たちの多様な「実生活」（「生活の実際」）に見合う「家庭生活・職業生活に役だつ仕事の学習」を提供する役割を担うとされた。また、この「実生活に役だつ仕事」の「学習」では、「いろいろな分野の仕事を経験」させる「啓発的経験」を与え、「職業や仕事を選ぶ能力」「将来の進路を選択する能力」を養うことが不可欠とされ、事実上、職業指導がこの教科活動の基調的な位置を占めることになった。

　しかし、職業・家庭科に再編された後も、1953年に中央産業教育審議会のいわゆる第1次建議「中学校職業・家庭科教育の改善について」が出されるなど、「家庭生活」と「職業生活」を「実生活」として統一する論理

や領域主義の職業指導の難点などの克服が課題とされ、1956年に文部省『中学校学習指導要領 職業・家庭科編 昭和32年度改訂版』が刊行されて部分的な改革が試みられた。

　職業科と職業・家庭科の実際の教科活動については、職業指導を除くと、大部分の中学校が農業教育と家庭科教育の２つを実施していたと推定される。1949年に文部省が公表したデータによると、1947年度を基準にした中学校（新制）の「教科別」「所要教員数」は、「農業」１万785人（37％）、「工業」2522人（９％）、「商業」2255人（８％）、「水産」1007人（３％）、「家庭」１万2855人（44％）、計２万9424人（100％）であった［文部省調査普及局調査課編1949:20］。1947年度から1949年度までの３年間の中学校数（新制）の平均は１万4827校である（国立・公立・私立の合計）。

　1958年の技術・家庭科の成立により、懸案の職業指導は、特別活動の「進路指導」として教科外に位置づけられた。

　なお、職業科と職業・家庭科は、必修教科のほか選択教科も設けられた。このことについては後述する。

（３）図画工作科の経路

　もう１つの経路の図画工作科は、1947年度以降の新学制下の小学校と中学校に必修教科として設けられた教科である。

　前述のように、技術・家庭科は、職業・家庭科と中学校段階の図画工作科のうちの「生産的技術に関する部分」とを再編・統合して成立した。このことは、技術・家庭科が成立する以前の中学校における図画工作科の制度には、「生産的技術に関する部分」が含まれていたことを明らかにしている。

　技術・家庭科の新設を含む1958年の中学校教育課程基準は、1960年度から移行措置に入り、学年進行で開始された。この移行措置に関する1959年の文部事務次官達「中学校の教育課程に関する移行措置について」（文初中第551号）では、職業・家庭科（必修）について、「従前の学習指導要領に定める第二群の内容（引用者注：「製図」「機械」「電気」「建設」）については、

とくに充実して取り扱うようにすること。この際、男女とも原則として図画工作の内容のうち『図法製図』および『工作』を中学校学習指導要領第二章第八節技術・家庭の趣旨にそって取り扱うこと」と指示された（下線は引用者）。すなわち、図画工作科のうちの「生産的技術に関する部分」とは、主要には「『図法製図』および『工作』」が該当したと理解できる。

　1958年以前のこれらに関する直近の学習指導要領は、文部省『中学校高等学校学習指導要領　図画工作編（試案）昭和26年（1951）改訂版』（1952年）である。この学習指導要領では、中学校段階の「表現教材」のなかに「工作」と「製図」が位置づけられていた。なお、この学習指導要領では、高等学校の教科「芸能」のうちの科目「工作」に関する「指導内容」の1つとして、「図法・製図」が設けられている。

　日本の図画科教育は、歴史的には1880年代以降一貫して、投影図や展開図などの製図を重視した「用器画」の指導・学習を疎かにすることはなかった。また、旧学制下の小学校や師範学校などに位置づけられた教科「手工」とその後身の「工作」は、小学校の場合、学年が上がるにしたがい、図面を見て、そこに描かれた立体を正確に製作する（具体化する）ことができるようになることを求めていた［坂口2005］。

　職業・家庭科の「職業」の部分、すなわち「職業生活に役だつ仕事の学習」に関する部分は、前述のように実態としては農業教育が大多数を占めていたとみられる。この構造が、技術科の誕生により「工的内容を中心」とする構造へと大きく改められる過程において、図画工作科のうちの「『図法製図』および『工作』」が技術科の「工的内容」と重複することが問題視されることになったと考えられる。1958年の中学校教育課程基準により、中学校の図画工作科は教科「美術」へと改編された。

3．知的障害をもつ中学生への差別

　新学制下の障害をもつ子ども・青年たちの義務教育は、1948年度から、まずは盲学校と聾学校の義務制として行われるようになった。知的障害や

肢体不自由など、その他の障害をもつ者たちへの養護学校の義務制は、かなり遅れて1979年度から実施となった。

これとともに、1979年、「学校教育法施行規則」が一部改正され（文部省令第19号）、また、「盲学校、聾学校及び養護学校学習指導要領」の「小学部・中学部」編（文部省告示第131号）と「高等部」編（同第132号）も定められた。

この1979年の「学校教育法施行規則」一部改正では、新たに義務制が実施される養護学校を含む障害児・者学校（盲・聾・養）の教育課程について、中学部では技術・家庭科も必修教科の1つとされたが、唯一の例外措置として、この技術・家庭科は「養護学校の中学部にあつては、精神薄弱者を教育する場合は職業・家庭とする」と定められた。この特殊な規定は、これよりも前、1965年の「学校教育法施行規則」一部改正（文部省令第5号）から登場していた。1979年度からの養護学校中学部の義務制実施は、知的障害をもつ中学生に対する1965年以降のこの例外的な取り扱いを改善する機会となり得たが、見直しは行われず、逆に差別的問題の重大さが強まった。

知的障害をもつ養護学校中学部の生徒についてのみ、技術・家庭科ではなく職業・家庭科が必修化されるという差別的な取り扱いは、今日でも克服されることなく残存している（詳しくは第6章）。

第2節 技術科の変容と展開

1. 概　要

1958年の技術科の成立以降、中学校教育課程基準は、1969年、1977年、1989年、1998年、2003年（一部改定）、2008年の計6回の改定を経て今日に至っている。このうちの1989年改定により、必修の技術科の男女共学化が実現し、日本で唯一の、普通教育としての技術教育制度がほぼ成立した。

技術科において教え学ぶ内容と標準授業時数は、中学校教育課程基準の改定のたびに変容し、技術教育あるいは技術・職業教育としては、大きくは弱体化の方向で進んだ。こうしたなか、必修の技術科では、1998年改定前後から内容面での一定の改善が認められるようになってきた。

　2008年改定による技術・家庭科の教科構造等の特徴については既に概要を述べたので（第１章）、以下においては1998年改定までの経過の大要を述べる。

2. 家庭科寄りに舵を切った1969年改定

　技術科の成立から約10年後の1969年の中学校教育課程基準改定は、技術・家庭科の目的規定（「目標」）を早くも大幅に改めるものとなった。

　すなわち、1958年の「中学校学習指導要領」では、技術・家庭科の教育目的は、「生活に必要な基礎的技術を習得させ、創造し生産する喜びを味わわせ、近代技術に関する理解を与え、生活に処する基本的な態度を養う」という規定を筆頭にもつものとされていた。この目的規定のうちの中核的なキーワードは「近代技術」であった。この当時、文部省は、「科学や産業の急速な発展に対処し、科学技術教育の刷新向上を図る」ために「技術・家庭科を新設して近代技術に対処する態度を養うことにした」〔徳山ほか1958:45〕などと説明していた。

　ところが、1969年に全面改定された「中学校学習指導要領」では、技術・家庭科の目的規定の筆頭が、「生活に必要な技術を習得させ、それを通して生活を明るく豊かにするためのくふう創造の能力および実践的な態度を養う」へと抜本的に改められ、「近代技術」の字句は削除された。これとともに、この「中学校学習指導要領」では、技術・家庭科について新たに策定された教材選定基準（「実習を中心とする題材の選定に当たって」）のうちに「家庭生活の充実発展に役だつもの」が登場した。

　技術科の性格は、こうした1969年改定以降、当初の「科学技術教育」から、身近な「生活」を「くふう創造」し改善する家庭科的教育へと転換した。

3. 標準授業時数の削減が始まった1977年改定

　1958年と1969年の中学校教育課程基準では、必修の技術・家庭科の年間標準授業時数は、全学年105時間であった。次の1977年改定の中学校教育課程基準から、この授業時数が大幅に削減され始めた。

　すなわち、必修の技術・家庭科の年間標準授業時数は、1977年改定により第1～2学年70時間、第3学年105時間とされた後、1989年改定によりこのうちの第3学年が70～105時間に改められ、1998年改定から第1～2学年が70時間に据え置かれたまま、第3学年が35時間にまで減らされて今日に至っている。

4. 選択制の技術科が成立した1977年改定

　選択教科としての技術・家庭科は、必修教科としてのそれとは異なる経過を経て登場した。

　必修の技術・家庭科の主要な前身教科であった職業・家庭科は、必修と選択の2つが存在した。このうち必修の職業・家庭科は、1958年の中学校教育課程基準により、図画工作科の「生産的技術に関する部分」と統合されて必修の技術・家庭科となった。

　他方、選択の職業・家庭科は、1958年の「学校教育法施行規則」一部改正（文部省令第25号）により、選択教科としての「農業」「工業」「商業」「水産」「家庭」へと分化し、これら5教科は「職業に関する教科」と総称された。また、1962年の「学校教育法施行規則」一部改正（文部省令第12号）と「中学校学習指導要領」一部改正（文部省告示第82号）等により、中学校の選択教科の1つとして新設された「中学校学習指導要領で定めるその他の教科」を「薬業」とし、この「薬業」を「職業に関する教科」に含めることになった。

　こうした1958年以降の選択教科群「職業に関する教科」の制度が廃止されたのが1977年改定であった。すなわち、1977年の「学校教育法施行規

則」一部改正（文部省令第30号）により、中学校では新たに「音楽」「美術」「保健体育」とともに技術・家庭科が選択教科のうちに登場することになった。選択教科としての技術科の成立である。

選択教科としての技術科は、技術科の教師にとって、新たな授業や教育活動を主体的に創造していくための創意工夫を凝らす場という役割を果たし、技術科の教師の底力を示すことができる重要な機会であった（第7章）。しかし、2008年の「学校教育法施行規則」一部改正（文部科学省告示第5号）により、技術科を含めて、中学校の選択教科の制度は実際上機能しなくなった（第1章）。

5. 普通教育としての技術教育制度が成立した1989年改定

1989年の「中学校学習指導要領」（文部省告示第25号）により、技術・家庭科において男女別に教え学ぶ内容を指定するジェンダー差別に関する制度が廃止され、必修の技術・家庭科および技術科の男女共学化がようやく実現した。この画期的な制度改革は、日本が1985年に締結した国連の「女子に対するあらゆる形態の差別の撤廃に関する条約」（女子差別撤廃条約。国連総会での採択は1979年。）との整合性を図るという政策的意図のもとに行われたものであった。この必修の技術科の男女共学化によって、中学校段階のみではあったが、日本における普通教育としての技術教育制度がほぼ成立した。

6. 情報技術に関する単元・内容を導入した1989年改定

1989年の中学校教育課程基準改定は、男女共学化のほかにもう1つ新たな動きを技術科に刻印した。単元構成に関し、従来からの「木材加工」「電気」「金属加工」「機械」「栽培」に加えて「情報基礎」を新設したことである。

この「情報基礎」は、教育政策としては、高等学校の現在でいう共通教科「情報」へと接続する、小・中・高を一貫した「情報教育」の体系のな

かに位置づけられるという側面を有していた［文部科学省 2005:11-25など］。このため中学校教育課程基準において「情報基礎」は、「技術および労働の世界への手ほどき」である技術教育あるいは技術・職業教育の一環というよりもむしろ、「情報を適切に処理して日常生活や社会生活において活用する基礎的な能力を養う」［文部省編 1989:54］という、いわゆる情報活用能力の育成をめざす面が主旨とされた。

ただしその一方で、技術科における当初は不透明感が強かった情報技術、すなわちコンピュータ化された技術に関する取り扱いについては、「情報基礎」の導入以降、民間の側でも技術・職業教育の立場から主体的で積極的な教育研究運動が展開された（第4・5・7章）。この教育研究運動を通して、中学校段階の普通教育としての技術教育が最も対象化すべき情報技術は、基幹的生産技術としてのコンピュータ制御オートメーションとコンピュータネットワークであり、コンピュータとしては超小型・微小な組み込みコンピュータであることが明らかにされてきた。

7. 「技術分野」と「家庭分野」から構成されるとした1998年改定

1958年と1969年の中学校教育課程基準では、必修の技術・家庭科は「男子向き」と「女子向き」の2つから構成された。この教科構造は1977年改定から変容し始め、このときから「男子向き」「女子向き」の用語は使われなくなった。

技術・家庭科の教科構造が大規模に改められたのは1998年の中学校教育課程基準改定からである。この1998年改定から、技術・家庭科は「技術分野」と「家庭分野」の2つから構成されることになった。これ以降、技術科とは、この「技術分野」のことであると認識されている。

この2「分野」化にともない、技術・家庭科の検定済教科書の構成も様変わりし、従来は上下巻のそれぞれに技術科と家庭科の2教科の内容が配置されていたのに対し、1998年改定に準拠した教科書から、技術科と家庭科で巻を分ける現在の形式となった。

おわりに

　技術科が、すべての子ども・青年たちのための普通教育としての技術教育の一環として制度上ほぼ位置づいたといえるのは、1989年の中学校教育課程基準改定であった。この1989年改定により、技術・家庭科の性別履修指定制が廃止され、技術科の男女共学化が制度上実現した。ただし、知的障害をもつ養護学校中学部の生徒については技術科を学ぶ機会が閉ざされており、その点で技術科あるいは技術・家庭科は、未だに普通教育の一環としての地歩を得るに至っていない。

参考文献

文部科学省『高等学校学習指導要領解説 情報編』（一部補訂）開隆堂出版、2005年

坂口謙一「構想にそくして正しく形づくることをめざした手工科」『子どもの遊びと手の労働』№378、2005年、pp. 16〜18

久保義三ほか編著『現代教育史事典』東京書籍、2001年

文部省編『中学校指導書 技術・家庭編』（改訂版）開隆堂出版、1989年

並木正吉『農村は変わる』岩波書店、1960年

徳山正人ほか「学校教育法施行規則の一部改正および学習指導要領の総則について」『文部時報』第975号、1958年

文部省調査普及局調査課編『新制中学校実施の現状』（教育調査資料集4）刀江書院、1949年

第3章

技術科の教育条件整備

はじめに

　すべての中学生たちに技術科の確かな学力を育むためには、「技術および労働の世界への手ほどき」としての実習が不可欠である。そうした教科固有の実習を実施するためには、①教員の指導体制や生徒の学習環境等の整備（人的条件）、②施設・設備や教材・教具の整備（物的条件）、③これら①②の経費の用意（財政措置）、という相互に密接に関係する3側面の改善・充実が必要条件となる［技術教育研究会 2010］。

　中学校に限らず、学校の維持・管理に要する経費は、「学校教育法」第5条にもとづいて、設置者が負担するものとされている（設置者負担主義）。公立中学校の設置者の多くは、市町村である。しかし、地方自治体の財政力には格差があるので、国が学校経費を補助する仕組みになっている。国からの補助に関する法令には、①補助を認可する要件（認可基準）、②負担者とその割合、③費用の算定方法等、が教育条件の内容ごとに多様に記載されている。そのため、具体的な教育条件ごとに国の補助制度を理解す

る必要がある。さらに教育条件整備については、地方自治体や学校ごとに、関係する規則や慣行が多様であるため、中学校現場の実情を考慮することが重要となる。本章では、公立中学校を中心にして、このような技術科の教育条件整備をめぐる主要な論点について概要を述べる。

第1節　人的条件の問題と半学級

1．人的条件の問題

（1）技術科の専任教員不足と免許外等の増加

　ある中学校教員が、各学校における教員配置について、「小規模校に技術科教員の配置は難しい。『受験5教科』の次には行事等で必ず必要な音楽、体育が優先され、その次になる。学級数が増えてくると数学、理科の持ち時数がいっぱいになってしまう」という内情を話してくれたことがある。近年、全国の多くの中学校では技術科の教員免許状（中学校教員普通免許状（技術））を所有する教員が1名未満になっている。こうした事態は、大きくは、①「公立義務教育諸学校の学級編成及び教職員定数の標準に関する法律」（以下、「義務標準法」）に示された学校規模ごとの教員総数の係数が低いこと、②「学校教育法施行規則」が定める各教科の標準授業時数の不均衡が拡大していること、の2点に由来するといえる。

　表1（次頁）は、6学級規模と9学級規模の中学校において授業時数が多い教科、行事による配置が優先される教科、および技術科（必修）の週あたりの授業時数と予想教員配置数をまとめたものである。「義務標準法」では、6学級規模でようやく10名分の人件費が国から補助される。国の基準に準拠すると、一般に技術科の標準授業時数は、第1〜2学年で週1時間、第3学年で0.5時間となる。このため6学級規模で技術科の週時数は5〜6時間となり、9学級規模でも技術科の週時数は7〜8時間に過

表1　6学級、9学級規模の中学校における教科の週あたり時数と予想教員数

学級数	合計数	国語		社会		数学		理科		英語		技術		音楽		体育	
		週時数	教員数	週時数	教員数	週時数	教員数	週時数	教員数	週時数	教員数	週時数	教員数	週時数	教員数	週時数	教員数
6	10 (10.5)	22	1〜2	20	1	22	1〜2	22	1〜2	24	2	5	0〜1	7	1	18	1〜2
9	14 (14.78)	33	2	30	2	33	2	33	2	36	2	7.5	0〜1	10.5	1	27	2

出所：著者作成

ぎず、学校内で優先されにくい。その結果、技術科では小規模校を中心に専任教員が配置されずに、非常勤教員や免許外教員が授業を担当している事例が少なからず認められる。

　2001年の「義務標準法」一部改正により、同法にもとづいて算定される教員定数を活用して非常勤講師を配置することができるようになり（いわゆる定数崩し）、常勤教員の週40時間分を非常勤講師等に振り替えることが可能となった。そのため、授業時数の少ない教科ほど専任ではなく非常勤講師に振り替えられる可能性が高まっている。

（2）非常勤講師と免許外教員の職務の限界

　通常、各学校内の予算会議に非常勤講師を参加させることはない。そのため非常勤講師の立場では設備等の維持や充実が難しい。

　また、技術科では、非常勤講師ばかりでなく、免許外教員への依存度が高い。免許外教員とは、「教育職員免許法」附則第2項にもとづく臨時的任用を趣旨とする教員のことである。この制度により、都道府県教育委員会は、ある教科の指導を担任すべき教員を採用することができない場合、1年以内の期間に限り、当該教科についての免許状をもたない教員が当該教科の指導を担任することを許可することができるとされている。

　筆者が行った免許外教員への調査の結果、「教科書の用語の読み方がわからない」「技能の指導方法がわからない」「年間指導計画をたてるのが難しい」等々の回答が寄せられた。免許外教員は、教科固有の専門性が必要となる理論的指導や実習指導を不得手としている場合が少なくないことは

明らかである。上述した「教育職員免許法」附則第２項を直ちに廃止し、免許外教員制度が早急に解消される必要がある。この附則第２項では、免許外教員制度は「当分の間」の暫定的措置とされている。

（３）他校兼務の問題

　2000年頃から、技術科専任教員が他校の技術科の授業を兼務するようになったとの報告が全国的に散見されるようになった。この動きは、直接的には1998年の中央教育審議会答申「今後の地方教育行政の在り方について」により、「地域内の小学校、中学校、高等学校の間で、教職員を兼務させることなどの工夫を講じること」が提案されたことに始まり、2002年公布の「中学校設置基準」第６条において、「中学校に置く教員等は、教育上必要と認められる場合は、他の学校の教員等と兼ねることができる」と定められたことに根拠をもつと考えられる。

　筆者は、他校兼務者に対する聞き取り調査を通して、①週１日程度の勤務では必修の生物育成の管理や授業がとても難しい、②兼務では技術科教室の維持や準備の時間が確保できない、③予算要求はできるが言いづらい、④兼務先では必要な道具等が備わっていないのでその都度道具等を持ち運んでいる、⑤時間割の調整が難しい、の５つがとくに大きな問題点であることを理解した。

　その一方、教育委員会担当者からは、「他校兼務者の負担軽減のために（勤務年数が）複数年にならないように配慮する」「本務校に対して任務の軽減をお願いしている」と回答を受けていた。しかし、実際には兼務年数を１年に限定するという「方針」は遵守されず、兼務者の「任務の軽減」も実現しなかった。

　こうした中学校の専任教員の他校兼務は、技術科ばかりでなく、美術科や家庭科等にも生じている動きのようであり、兼務の実情把握や問題点の整理等が適切に行われないままに運用されている。免許外教員と同様に早急な解消が必要である。

（4）授業時の生徒数が多い学級編成

「義務標準法」第3条には「一学級の児童又は生徒の数の基準」等が定められている。中学校の通常学級の場合の基準は、1980年の改正によって現行の40名になった。その後、地方分権化の一環として、都道府県教育委員会の判断により40名を下回る基準を定めることができることになった。ただし、国による人件費の補助の算定は40名基準で行われる。そうした制度下であるために、諸外国において当たり前となっている生徒数20名以内の技術科の授業の実現が遅れている。

2. 課題としての半学級の実現

（1）半学級サイズへ向けて

国の制度では、実習を行う教科の特殊事情が学級規模に考慮されることはない。木材・金属等の加工や電気工作、作物栽培、コンピュータ操作など、多様な実習を行う技術科の授業を、座学中心の他教科の授業と同じ条件で考えることは不合理である。技術科の授業では、国の基準とされている1学級40名規模を半分以下に縮小したいわゆる半学級が望ましいと考えられている。この半学級サイズを実現させるためには、中学校の設置者である市町村が都道府県に対して独自の定数措置を認めさせるか、あるいは市町村や学校の独自の工夫が必要になる。以下においては、市町村レベルで学級規模の改善に自主的に取り組み、半学級を実現した2つの事例を紹介する。

（2）広島市と旧津名郡の取り組み

1つめの広島市の事例は、1960年から技術科が順次発足し始めた当初、授業中に「電気鉋」や「丸のこ盤」による重大な学校災害が多発したことへの対策として始まったものである。同市の技術・家庭科の教員たちは、

市の「中学校教育研究会技術・家庭科部会」のアンケート調査にもとづいて、工作機械を使用する実習が多いこと等を理由に、広島市教育委員会に２年生の授業の半学級サイズ化を認めさせた。同市の技術科教員の報告によると、2007年度においても84％の学校が複数の学年で技術・家庭科の半学級を実施しており、担当教員たちは、半学級によって、安全面の優位性、工作機械を使用する実習が可能となること、作業で遅れる子どもが出にくいこと、創意工夫を引き出せることなどの利点を得たという［石原2008］。

　２つめの兵庫県旧津名郡（現・淡路市）の事例は、技術・家庭科の教師たちが、民間教育研究団体を母体にして各学校の同僚教員を説得して実現した取り組みである。この地域では、1960年代後半における技術・家庭科の物的条件整備の活動の後、1974年から技術・家庭科の男女共学の実現に取り組み、1978年から、作業の安全を確保するため、すべての学校において技術・家庭科の半学級サイズを実現した。現在は、少子化等の関係からこの半学級サイズの運用は学校によってさまざまであるが、複数学年で半学級を実施している学校もあると報告されている［日本教職員組合編 2011:145］。

第2節　物的条件の問題と改善

1. 施設整備の基準について

（1）施設整備費補助の認可基準

　2002年に新たに制定・公布された「中学校設置基準」では、技術科に限らず、特別教室や準備室に関する部屋数・面積等の具体的な基準は全く定められていない。「中学校設置基準」以外でも、中学校の教科活動のための特別な施設についての設置基準は存在しない。ただし、施設整備費の国の補助基準として、1958年公布の「義務教育諸学校等の施設費の国庫負担等に関する法律」（以下、「施設費国庫負担法」）等が機能してきた。

「施設費国庫負担法」第3条は、公立中学校の「教室の不足を解消するための校舎の新築又は増築（中略）に要する経費」の2分の1を国が負担することを定めている。この対象となる「特別教室の種類」のうちに「技術教室」が規定されたのは、1973年のことであった。

　これよりも前、1967年の文部省管理局通達「学校施設指導要領」（文施助第48号別添）には、いくつかの学校規模ごとの「中学校校舎適正面積案」が示されていた。この「案」では、たとえば12学級の場合、「技術教室」の部屋数1、面積193㎡、「技術準備室」の部屋数1、面積26㎡とされていた。この後、1975年の文部省管理局「学校施設設計指針」では、同様の学校規模ごとに「中学校校舎補助基準の算定基礎」が示され、たとえば12学級の場合、「技術教室」の部屋数2、面積118㎡、「技術準備室」の部屋数1、面積34㎡とされた。

（2）施設機能の留意事項の基準

　1992年、文部省文教施設部は「小学校施設整備指針」と「中学校施設整

表2　「中学校施設整備指針」（10 技術教室）の抜粋

(1)「木材加工」、「金属加工」、「機械」、「電気」等の各領域について適切な組合せにより空間を区分して計画することが望ましい。
(2) 小規模校等において1室として計画する場合は、十分な面積的余裕を確保しつつ、各種工作機械、工具等を利用するコーナーなどの空間を、十分な動作空間とともに、配置することのできる面積、形状等とすることが重要である。
(3) 室内を作業空間と機械空間とに分け、作業空間は、個別学習と教師の机間巡視に対応可能な机の配列とし、日常的に使う工具及び材料、完成品等の保管、収納等のための家具等を設置することのできるよう面積、形状等を計画することが重要である。
(4) 機械空間は、工作用の機械等を生徒が安全に利用できるような動作空間を計画しつつ、危険防止の防護柵等で区分けした空間にまとめて設置することのできる面積、形状等とすることが重要である。
(5) 教室から直接出入りすることができる、流し等の設備を設けた戸外の活動空間を確保することが望ましい。
(6) 危険な材料、各種工具等を安全に保管し、また、製作途中の作品等を一時的に保管することのできる空間を準備室内等に設けることが重要である。

［文部科学省 2009］「第4章 各室計画」をもとに作成
▶http://www.mext.go.jp/a_menu/shisetu/seibi/1260946.htm（2014年9月1日アクセス）

備指針」を策定した。このうち「中学校施設整備指針」は、2001年、2003年、2007年、2009年に改訂され、今日に至っている。

　この「中学校施設整備指針」は、前述した学校施設に関する国の補助制度とは異なり、各教室の面積や部屋数を示さずに、施設の機能を確保するための計画・設計上の「留意事項」を示したことが特徴的である。**表2**（前頁）は、このうちの「技術教室」に関する部分である。

2．教材等の整備に関する制度と課題

（1）教材等の整備に関する制度の変遷

　技術科の教材等の整備に関する制度の変遷を**表3**（次頁）にまとめた。この動向を財政措置の観点から整理すると、大きくは次の3つの時期に区分される。

　　〔第1期〕1960～1978年度　　産業教育振興法の変則的適用期
　　〔第2期〕1979～1984年度　　国庫負担対象「教材基準」適用期
　　〔第3期〕1985年度以降　　　地方交付税による一般財源措置期

（2）第1期：産業教育振興法の変則的適用期

　1951年、「産業教育振興法」が制定・公布された。技術科の教材等の整備に関する財政制度の歴史の第1期は、この「産業教育振興法」にもとづく特別な国の補助が行われた時期である。文部省はこの時期のことを、「中学校産業教育設備整備補助金」制度が適用された時期とみなしている〔文部省1986:688〕。この時期は、技術・家庭科が発足した直後の「第1次緊急整備」（1960～1962年度：1校あたり15万円の定額補助）と「第2次緊急整備」（1963～1971年度：補助率3分の1）、および続く「7か年整備計画」（1972～1978年度：補助率3分の1）の3つに区分されている。

　ところで、「産業教育振興法」は、第15条において、技術・家庭科を含む中学校の「産業教育」の「施設又は設備」の整備に関する国の補助につ

表3　教材および整備の基準と財政補助の枠組みの変遷

年月	通知等	特徴等（著者の評価）	費用
1960年3月	文部省局長通知「中学校技術・家庭科設備充実参考例」	未確認	産振法の変則適用
1963年7月	文部省局長通知「中学校技術・家庭科設備充実参考例」一部改正	一部分だけ確認	
1963年8月	文部省局長通知「中学校技術・家庭科設備充実参考例外設備一覧」	未確認	
1972年2月	文部省局長通知「中学校技術・家庭科設備充実参考例」	授業時の生徒数でなく学校規模ごとに物品の数量を変えている。安価で消耗性が高い品目を除外し、「じゅうぶんに配慮」と記載。	
1979年6月	「『教材基準』の追加について（通知）」（文初財第251号）	技術科の教材設備の費用が義務教育負担法による「教材基準」に組み込まれることになった。大幅な数量ダウンの品目がある。	国庫負担法
1985年5月	「国の補助金等の整備及び合理化並びに臨時特例法に関する法律」（補助金一括法、1985年法律37号）	教材費の国庫負担が廃止。「教材基準」は教材整備のための参考基準となった。	地方交付税での措置
1991年3月	文部省局長通知「標準教材品目」公示	教材整備の目標あるいは参考の標準という位置づけになった。	
2001年11月	文部省局長通知「教材機能分類表」公示	教材を機能的な側面から分類し、物品を大まかに示したが数量を示していない。	
2011年5月	「教材整備指針」の策定	新学習指導要領で必要となる教材整備の目安を示した。数量もパターン化して示した。	

出所：著者作成

いて定めている。この第15条規定では、「政令で定めるものの議を経て政令で定める基準に達していないものについて、これを当該基準にまで高めようとする場合」に国の補助を行うことができると定められている。

しかし、このうちの肝心の「政令で定める基準」は、同法が制定されて以降一度も策定されたことがなく、その意味で「産業教育振興法」は、中学校の「産業教育」に関し恒常的に機能するものとして整えられたことがない。

（3）第2期：国庫負担対象「教材基準」適用期

技術科の教材等の整備に関する財政制度の第2期は、この経費に対する

国の補助が、「産業教育振興法」による特別措置から外されて、他の一般的な教科と同じく「義務教育費国庫負担法」によるものとされた1979年度以降の時期である。この時期には、「教材基準」の改定版（「新教材基準」）にもとづいて、経費の2分の1が国の補助の対象となった。この仕組みを、従前の「7か年整備計画」において適用されていた「技術・家庭科設備充実参考例」と比較すると、小型旋盤や回路計の台数が減る等、新たな「教材基準」の方が低水準であった。また、安価で消耗性の高い品目が引き続き適用外とされ、この面での改善も図られなかった。

（4）第3期：地方交付税による一般財源措置期

技術科の教材等の整備に関する財政制度の第3期は、この経費に対する国の補助が廃止され、地方交付税で措置されることになった1985年度以降の時期である。すなわち、技術科に限らず、公立義務教育諸学校のあらゆる「教材費」が、地方自治体ごとに一般財源のなかから工面されるようになった時期であり、この仕組みが今日も続いている。

こうした「教材費」の一般財源化にともない、1985年度から、従来の「教材基準」は「教材整備の参考基準」に改められた。この「参考基準」は1991年度から「標準教材品目」に代わった。

その後2001年度から、「標準教材品目」に代わって「教材機能分類表」が登場した。この「教材機能分類表」では品目と数量の記述が大綱化したために、教材等の整備の目標そのものが消滅したという理解を学校現場や各地方自治体に与えた。さらに2011年度から、「教材機能分類表」は「教材整備指針」に改められた。この「教材整備指針」では「教材整備の目安」が数量の目安として例示されることになり、技術科の「道具・実習用具教材」については例示品目がいくらか増加した。

（5）今日的な課題

以上のように、技術科の教材等の整備に関しては、その経費に対する国の財政補助の制度・基準として枠組みが形成されてきた面が強い。

ただし、半学級サイズの事例として先に述べた2つの取り組みにもよく表れているように、教育諸条件の整備は、本来、各学校・教師が、望ましいと考える授業等を実現するための手だてである。その意味で教育条件整備の主体性は、教育行政ばかりでなく、各学校・教師の側にも保障されるべきである。この点で、かつて東京都練馬区において、技術・家庭科の教師たちが、練馬区教育委員会と連携して、国の「教材基準」の内容・水準を上回る「練馬基準」を主体的に策定した取り組みは大いに参考になる［河野1989］。

第3節　自治体－学校の財政措置

1. 自治体・学校での異なる取り扱い

各中学校の技術科教員が、自身の教科指導のために校内で取り扱う経費を目的別に分けると次の3区分となる。

　　①学校教育費：学校設置者（市町村等）から各学校に配当される
　　　　　　　　　経費
　　②教科等教育費：各学校内で教科等に割り振られる経費
　　③実習費等の私費：保護者等から特別に徴収する経費

また、これらの経費を性質別に分けると、①あるいは②のどちらかに、消耗品費、備品費、維持管理費が位置づけられている。

筆者の調査によれば、②は予算削減の影響を強く受ける傾向がある。①は光熱費など減額する余地がほとんどない。その一方で、教科経営が③に大きく依存する慣行ができている。

2. 消耗品費が低額の地域

「教科等教育費」(上記②の経費)が乏しい自治体の場合、技術科には消耗品費が配分されにくい傾向がある。消耗品費の代わりに、備品に関する教師の要望が優遇される場合もある。また、物品を消耗した人員(生徒)が特定できなかったり物品が高額な場合は、私費徴収の対象にはならない傾向が認められる。

3. 公費と私費の双方とも高額な地域

表4は、中学校に関し、消耗品費と備品費のどちらも高い金額が措置される自治体が予算を組むときの根拠資料である。同表の金額は目標値であるため、実際には約80％の配当であったという。

表5(次頁)は、地方自治体Sにおける中学校7校について、消耗品の予算の全教科合計額と技術科のみの金額を比較したものである。技術科の消耗品費の割合をみると、学校ごとのばらつきが大きい。公費としての技

表4　自治体S公立標準規模中学校の教科消耗品費と備品費

	消耗品費 (円)	割合 (%)	備品費 (円)	割合 (%)
国　　語	8,240.05	0.20	0.00	0.0
社　　会	190,748.05	4.00	0.00	0.0
数　　学	71,116.00	1.50	0.00	0.0
理　　科	1,266,535.00	26.70	294,090.67	22.0
音　　楽	272,365.50	5.70	491,380.00	36.8
美　　術	989,147.52	20.90	32,448.00	2.4
保健体育	900,313.46	19.00	366,280.00	27.4
技　　術	467,601.34	9.90	123,224.00	9.2
家　　庭	570,210.55	12.00	29,640.00	2.2
英　　語	6,968.00	0.15	0.00	0.0
教科計	4,743,245.47	100.00	1,337,062.67	100.0

※数値は原表のママ。割合は少数第二位を四捨五入して作成。
出所：S教育委員会「学校標準運営費(中学校)」(2009年度版)をもとに作成

表5　2010年度自治体S技術科消耗品予算

学校名	学級あたりの全教科合計（円）	技術科 学級あたり（円）	技術科 生徒あたり（円）	割合(%)
B	262,200	25,556	671	9.7
C	−	47,500	1,261	−
D	224,500	50,000	1,515	22.3
E	427,800	15,600	542	3.6
F	363,800	49,889	1,522	13.7
G	372,800	39,333	1,523	10.5
H	303,200	16,250	468	5.4
平均（円）	325,700	34,875	1,072	−

※1　マイナスの表記は不明を意味している。
※2　全教科合計には教科共通分を除いた。

出所：[本多 2012] をもとに作成

表6　公費消耗品と1学年加工学習関係の私費（2010年度）

学校名	C	D	E
公費支出消耗品一覧	工作用カラー、のこぎり、カンナ替刃、やすり等 1,261円（生徒1人あたり）	木工具、替え刃、接着剤等 1,515円（同左）	テックソー、スパイラルソー 542円（同左）
私費	木工・金工加工費 4,000円	角材板材等 3,000円	角材、板材等 2,400円

※1　品目は質問紙調査への回答から著者が作成した。
※2　栽培学習関係の消耗品の記述を簡素化した。

出所：[本多 2012] をもとに作成

術科消耗品費が1人あたり平均約1000円で他の自治体と比べると高額である。しかし、次の表6にみられるように、技術科の私費が加工関係に限っても1人あたり2400円以上であり公費分を上回っている。

　表6は、同じ地方自治体Sのある中学校における1年生を事例として、加工学習関係の消耗品（公費）と私費を整理したものである。この自治体では、私費として徴収する経費のうち技術科で使用する場合の例として、実習材料費や「工具・製図セット」が記載されている。授業において個人が使用する物や個人所有になる物の経費を私費負担とする考え方は、全国

の多くの自治体・中学校に広く認められる。

　技術科に限らず、義務教育諸学校では「教材費」等の名目で私費負担を求める慣例が定着しているが、これを公費により削減することが重要な課題となっている。

おわりに

　本章では、技術科の教育条件整備について、人的条件・物的条件・財政措置という、相互に密接に関係する3つの側面から、その制度と学校現場での実情を述べた。教育条件整備に関する国の制度が不十分であり改善が求められている問題、地方自治体レベルや学校レベルで生じている問題を整理・指摘するとともに、各学校・教師が教育行政と連携して実現した自主的な条件整備の取り組み（半学級サイズ化）を紹介した。

　技術科が発足した当初の実践資料には、教育条件の問題を取り上げたものが少なくない。教育条件がいま以上に劣悪だったからである。技術科に関係する重大な学校災害も多発した［原1980］。そのなかで教員や教員集団の要請によって教育条件を改善した事例も多々みられる。教育条件を整備するためには、自治体レベルでも技術科教員の連帯が重要である。

参考文献

本多満正「教材費措置率の高い自治体の技術科予算の配分実態と制度」『日本教科教育学会誌』35巻1号、2012年、pp. 61〜70

日本教職員組合編『日本の教育〈第60集〉』アドバンテージサーバー、2011年

技術教育研究会編・発行『技術の学力を保障するための教育条件整備』（技術教育研究別冊4）、2010年

石原忍「『ものづくり』の質を高める『半学級』授業」『技術教室』No. 668、農山漁村文化協会、2008年

河野義顕「条件整備に関する調査と運動の展開」『技術教育研究』第33号、技術教育研究会、1989年

文部省編『産業教育百年史』ぎょうせい、1986年

原正敏「技術科教育と教育条件の整備」日本教育法学会編『教育条件の整備と教育法』(講座教育法第4巻) 総合労働研究所、1980年

文部科学省「中学校施設整備指針」2009年3月改正
　▶http://www.mext.go.jp/a_menu/shisetu/seibi/1260940.htm

(2014年9月1日アクセス)

第4章

技術科の教師

はじめに

　私たち人間は原始の古来より命を守り生活を維持するために、自然に働きかけて、さまざまな材料や原料そしてエネルギーを得てきた。しかし、やみくもに働きかけたのではうまくいかない。経験の蓄積とともにさまざまな面からその対象を研究する必要性が生じた。その研究つまり学問分野の1つが、理科や数学のような自然科学である。一方、時代の発展とともに人間生活についてもさまざまな研究が必要とされた。それが地理や歴史や経済、法律といった社会科学である。この自然科学や社会科学を生産活動に応用する学問が工学（engineering）であり、技術学（technology）である。技術学は、原材料やエネルギーをどのように加工し変換させたらよいかという方法や、実際に加工・生産する技術や、将来に向けての見通しを立て、その解決法を研究する。その技術学などの「技術の科学」を教え学ぶ教科が技術科である。技術科は、製作（実習）を伴う教科であるがゆえに、学校教育が目標とする人間形成のうえで極めて有効な教育力を内在している。

第1節　技術科の魅力

1. 全力で「考える」ことがメインの教科

　ある教員養成系大学の「技術科教材論」の授業を担当した際、学生諸君に「私の注目する工業製品」というテーマで、1人1つずつ工業製品を調べて発表してもらったことがある。それぞれの発表を聞いて参加者全員が改めて感心したことは、ふだん何気なく使っているもの、たとえば鉛筆1本、紙1枚であっても、工業製品には、そのすべてに過去から現在に至る知恵と工夫が凝縮されていることであった。

　中学校や高等学校においても、工業製品を話題にすると生徒の興味や意欲を喚起することができる。生徒からの問いかけもあるし、生徒自らの経験も語り出す。身の回りのものが教材となり、共通の関心ごとになることは、技術科の恵まれた特性である。

　さらに生徒の関心を引き、探究心を促すには、偶然に期待するのではなく、教員が意図的に展示などによって工業製品を示すことが大切である。

　たとえば、電球のフィラメントから発光ダイオードにいたるまでの歴史的経過をたどる実物展示を技術科教室のコーナーにすると、生徒同士の話題も豊かになる。廊下や階段の壁面などもフルに使って、コンピュータ機器を分解して部品ごとに並べ、解説も加えれば、生徒の生活の場が技術の学びの場として広がっていく。歯車などの機械要素やエンジンなどは、実際に手で動かすことができるようにしておけば、興味を引きつけ、理解はいっそう増す。公共の展示施設はもちろん、企業の産業博物館などには、さまざまなテクニックや様式を駆使した展示の見本がある。そうした方法を学び、学校展示を魅力的で洗練されたものにしなくてはならない。

　技術科のいずれの単元で扱う教材にも、これまでの人類の到達点というべきものが表れている。その把握によって、この教科の意味とそれを学ぶ意義とを深く理解させることができる。

たとえば、木工具の「鉋(かんな)」について学ぶときに、その技術史的な側面を取り上げることがそれにあたる。今日の「台鉋」の原型は、ポンペイの遺跡から出土しており、すでに古代ローマ時代にはあったが、そのこと自体、生徒には大きな驚きである。鋸や釿(こぎりちょうな)の原型が、石器時代にあったことを知ったときも同じ反応であった。日本では、それまでは「槍鉋(やりがんな)」を使って木を削っていたが、室町時代に台鉋が中国から伝わったことにより、精度が格段に上がり、現代の和風建築の誕生を促したと考えられている。槍鉋は、現代でも宮大工や竹職人によって使われており、販売されているから、西洋鉋とあわせ有効な教材となる。短時間であっても、技術史の観点を加えると、複雑な作業機なども理解しやすいうえに、未来へ向けてのイマジネーションを育てることにもつながる。

　木材や金属の加工学習は、具体物を製作することが目的のように考えられがちであるが、それはほんの一面に過ぎない。一番大切なことは、生徒たちが自らの力を総動員して「考える」ことである。なぜこの材料を使うのか、なぜこの道具を使うのか、なぜこの方法を用いるのか、さらに工夫すべきことは何か。作品の問題点はどこか、失敗の原因は何か、どのように改善すればよいのか。工程のなかにも思考の機会を与える。どのようなすぐれた工業製品であっても100％完成されたものはない。すべて未完成であるという観点に立つからこそ、つぎの進化があり、より社会に貢献できるものに育っていく。それは人類の発展の歴史そのものであり、文明を切り開く原点であるといってもよい。

　技術科は、そうした壮大な営みを絶えず意識し、学ぶことができる、全力で「考える教科」なのである。

2. 子どもたちの全面発達を担う技術科

　技術科の授業は、知識理解の学習とともに多様な実習を伴う。だからこそ技術科での学びは、生徒たちにとって、受け身ではいられない、全力を傾注しなければならないものとなる。

どのような簡単な教材（製作物）であっても、自らの知識や技能や感性や集中力などを総動員しなければ、作品は完成しない。それどころか、一定の時間内に満足の行くものを作り出すとなると、頭と手を十分に働かせ、たえず工夫する必要がある。授業は集団で取り組んでいるから、他者との違いも否応なく見せつけられる。そして、自らのプロセスの結果は完成品に如実に反映される。時には自分の欠点や配慮のなさも痛感させられると同時に、クラスメイトのすぐれた処理能力に驚いたりもする。
　こうしたことを率直に捉え反省すると、つぎに取り組む課題からは授業における姿勢からして俄然変化してくる。単なる知識や技能以上に、分析や手立ての構築といったものが、自らの内に複合的な学力となって蓄積されていくのであろう。これが技術科の最大の特長である。
　実技の課題が、社会的有用性なり商品価値をもっているということも大きな要素である。わずかな作品であってもそれが具体的に使用できる実物であることが喜びとなる。そして、ささやかながらも生産活動に通じるものに自分が関わることができたという事実が自信となる。クラスメイトの影響もあって、自覚できる程に自分が変化したことを確認できることが、つぎの意欲につながっていく。それは生徒の学習姿勢や生活全体に大きな影響を及ぼす。
　とくに共同で取り組む機械制御やロボコンや社会貢献として班で取り組む大型の木材加工の分野においては、生徒同士の交流や切磋琢磨が頻繁に行われる。ときには激論を交わし、たびたびの失敗も伴いながらも、それを乗り越えようとする。より高いレベルをめざすという１つの目標に向かって力をあわせ学習しているという連帯感がそうさせるのである。
　教育論議のなかで、これからは受験勉強による知識偏重ではなく、広く考える力、討論する力が大切だといわれて久しい。最近では、専門領域の学習や研究だけでは偏狭なものになりやすく、グローバル社会においてはその土台としてのリベラル・アーツを学ぶことが重要だと改めて指摘されている。それはとりもなおさず「物事をさまざまな角度から批判的に考える力」「問題を発見し、解決する力」「多様な人とコミュニケーションする

力」「未来へ向けての想像力」「論理的思考力」などを育成することを指すという。

　しかし、すでに技術科の授業では、これらのことを日々具体化し、実践しているのである。技術科教師はこのことを深く認識しなくてはならない。そしてそれは発達段階に応じた形と性質と方法を帯びた、周到な準備のもとに実践されているのである。技術科は、全面発達を願う普通教育にあって、極めて重要な役割を果たしている。

3. 「技能」がもつ可能性と魅力

　人は本来、モノをつくるということが好きである。生徒は休み時間のうちから駆け込むようにして技術科教室にやってくる。終了の時刻になってもなかなか終わろうとしない。ときにはクラブ活動の合間をぬって、放課後にも作業を続けようとする。

　このような技術科の学びに関する子どもたちの積極さと夢中に取り組む熱心さはどこからくるのか。

　1つには、モノづくりがもつ本来の楽しさであり、人間が多かれ少なかれ内に秘めている、創造を希求するという本能に根差すものであろう。もう1つは、知らないことが分かり、できないことが可能になったという、自分の進歩が目に見えて実感できるからである。

　生徒たちに、「技能」としての高いレベルを望むのは無理であるが、いくつかの経験を経ると、生徒は意外と正確さや精密さに自らこだわるようになる。そこを教師が見逃さずに高い壁となる課題を提起すれば、生徒に内在する力をいっそう引き出すことができる。

　このようなときは、教材はできるだけシンプルにして、精度だけを徹底して追及させる。たとえば、木材加工での鉋がけの技能、旋盤での真鍮の切削加工、電気学習でのハンダづけ作業などは、やればやるほど精度は上がり、スピードも増してくる。測定具も鋼尺からノギスでの測定に移り、やがてマイクロメーターによる測定となっていく。生徒たちは、そのとき

の高揚感とその成果を、壁をブレイクスルーできたと強調する。そうした学習意欲と到達点が、自分の成長として実感でき、それがつぎへの意欲へとつながっていく。また、こうした場面で生徒は精度や誤差、許容誤差について実感をもって学ぶ機会を得る。それは今後のさまざまなことに通じる「ずれ」や「あそび」というテーマを知る貴重な経験となる。

　生徒のこだわりは、そうした技能の面だけではない。製図学習における立体の作図や回路板を用いた「回路設計」、そしてコンピュータでのプログラム作成などにおいても、何としても自分の力で解きたいという気持ちが強い。ときには、授業時間では足りず、放課後や家庭での時間を使って、考えに考え抜こうとする。まさに全力で「考える教科」である。

　生徒たちはこうした技術科の授業や学びについて、以下のように、レポートや感想文などを通して、「感動する達成感がある」ことを強調している。

【生徒の感想】

　○初めて「製図」をやったとき、「こんな面倒くさいことをなぜやらなければいけないのか」と思いました。それが毎週授業を受けているうちに、私のなかでの「製図」は一番好きな科目へと変わりました。さて、なぜ人一倍面倒臭がり屋の私がそう思えるようになったのか。それは自分で一生懸命考えた答えを図面にかき、それが正解していたときの嬉しさと、答えが間違っていてもその理由を知ることによって「あぁ、そうだったのか！」と思えることがとても楽しく、また面白く感じられるようになったからです。そして今では日に日に難しくなる授業内容を1つずつクリアしていくことでどんどん力をつけていくことができ、これまでだったら絶対できないような問題も解けるようになりました。このことは私にとって大きな自信になりました。だからこそ、これからもレベルの高い問題に挑戦していき、もっともっとパワーアップした自分になりたいと思いました。《1年女子》

　○1学期の平面図法は基本的なことでしたが、僕は1つひとつの作図にすごい発想だなと感心させられました。2・3学期は高度になって、僕の好奇

心の炎に油を注ぐことになりました。家でご飯を食べることも忘れて熱中していた自分は、すっかり製図の虜になってしまったようです。知らないことを知る、分かるということはこれほどいいものか、こんなに自分を満たしてくれるのかと驚きました。だからこれからも新しいことをどんどん吸収していきたいです。　　　　　　　　　　　　　　　　《1年男子》

○「考える」ということは他の教科でも同じなのに、技術の場合は少し違うように感じます。答えも考え方も1つだけじゃないし、クラス1人ひとりが考えを出し合いながら問題を解いていって、皆の力で全部解けたときはすごく嬉しいからです。そしてその達成感が、もっと難しい問題を解いてみよう、という気持ちになります。　　　　　　　　　　　《1年女子》

○この1年間、技術の授業は本当に発見と驚きの連続だったように思う。これから機械もどんどん進化して、人間の可能性はますます広がっていくだろうが、やっぱりその根底にあるものは「考える」ということだと思う。いつの時代も進歩や発展において一番大切になるのは、それではないだろうか。　　　　　　　　　　　　　　　　　　　　　　　　《2年男子》

○私は進むのが普通より早かったと思うが、途中で何度か行き詰まった。でもそのとき先生がよいタイミングでヒントを出してくださったので、何とか乗り越えていけた。この1年間、私は技術の授業がずっと好きだった。自分の知らなかった世界がどんどん頭に入ってきて、刺激が絶えなかった。私の頭の中の「考える」という機能はだいぶ発達したと思う。《2年女子》

○技術というのは非常に楽しく未来がある分野なので、僕は理科とかのように今までの人がやってきたことを習うだけの授業よりも、とてもやる気が出る。それは「考える」ことを中心にする授業だからだと思う。《3年男子》

○ここまで楽しくやってこられたのは、技術ということばのなかに、僕の心をそそる何かがあったのだと思う。それはうまく表せないが、夢があるということだ。そしてこの授業の魅力は、考えたり悩んだりしたあと、不思議な充実感があることだ。　　　　　　　　　　　　　　　《3年男子》

○私はとても不器用な人間です。これまで作ったものも人より遅く、かといってできがよかったわけではありません。しかし今回はそんな私に革命

がおきたのです。恐る恐るやったハンダ付けが友達や先生によくできていると言われ、私も少しは自信がもてたのです。落ち着けば自分にもできるということを知りました。私はこの授業を通して、自分から友達にいろいろ聞くことができるようになりました。以前なら1人で悩んで結局遅れをとってしまっていたのですが、今は変わることができたのです。これは私にとって大きな躍進でした。それに1つのものを助け合いながら作る良さが分かりました。そのため今までは、細かい設計図などを見ると尻込みしていたことが、今では「よしやってみよう」と思えるのです。《3年女子》

○頭では理解していても、実際に手で作れるとは限らない。手で作ることは頭で理解するより難しいように思う。モノを作り出すことは人間のすばらしいところであり、技術の授業はとても貴重な機会を与えてくれている。コツコツと自分の力でモノを完成させていくのは嬉しい。《3年女子》

○技術はいってみれば理科Ⅰの応用で、科学を解明してそれを役立つものに変えていく、人間のすごさを感じる。こうするとコイルが熱くなるとか、単純な理科の実験では解っても、それを道具や機械の製品として使えるようにするには大きな壁がある。それを打ち破る英知みたいなものをこの教科は教えてくれると思う。僕は1年のときから、どの分野もわくわくドキドキしながら受けてきた。この後も楽しみだ。《3年男子》

出所:［川瀬 2007］

第2節 技術科の授業を創る

1. 教具の自作

　技術科の教科書では、「エネルギー変換に関する技術」の1つとして、リンク装置が登場する。このリンク装置の仕組みを教科書の解説図と板書で説明できないこともないが、生徒の興味と関心を引き、さらに誰にでも理解し易くするためには、教具の利用が欠かせない。教具とは、教材の一

種であり、物化した教材である。

　機械要素の解説書の付録や専門学校、企業内教育での利用を前提としたDVDならば、映像によるリアルな機構を紹介でき、図解による解説や条件を変えて動きをコントロールできる利点もある［伊藤編2004, PEC編2004］。

　しかし、最も優れた教具は、実物であり、その模型である。生徒が実際に手に取って動かすことができればさらによい。もちろん、映像で理解したうえで実物によって確認できることが一番望ましい。模型は、理化学器具のメーカーのものや教材メーカーのものが揃えられればそれに越したことはないが、条件が整わなければ、教師自身の手づくりでもよい。生徒は親しみを感じるのか、自作教具は思いのほか好評である。

　往復スライダー機構の教具は、実際のエンジンの部品を用いて動く仕組みを教具化することも可能であるが、製作する時間がない場合は、段ボールを切り抜いてそれぞれを模した部品を作り、ハトメで止めて動くようにしたものをマグネットで黒板に貼付するだけでも、最低限の教具となる。簡易であっても、その教育効果は大きい。

　教師が自作する教具がよい点は、教室にいる目の前の子どもたちの理解度や興味に合わせ、臨機応変に対応できることである。生徒の状況や対応は実に多様で、地域性やそのときの社会状況にも影響される。きめ細かに生徒に寄り添うことのできる教師だからこそ、生徒の心に届く教具をつくることができるのである。各単元において教具の効果を実感し、生徒の笑顔や輝くような反応を経験すると教具づくりが日常の教育活動の一部となる。経験を積むことにより、とても手づくりとは思えない程のレベルに達していく。1人ひとりの教師の独創性に富んだ教具づくりが望ましいが、他の教師の作品から学んでさらに工夫したものを創造することも必要である。そうしたときに、Web上の「Gijyutu.com　技術教育おもしろ教材集」（http://gijyutu.com/main〔2014年9月1日アクセス〕）などが参考になる。よりよい教具の開発にあたっては、①安全性②機能性③デザイン④シンプル⑤低価格⑥収納性⑦耐久性などに留意する必要がある。

2. 治具の教育的意義

　木材や金属を加工する際には、より正確に能率よく作業するために、材料の温度や、刃物の角度や、軸の回転するスピードといった目に見える形での的確な数値があることを生徒に伝える。それらは客観的で科学的な内容である。しかし、その数値が微細になると生徒にとっては確認し難い。

　たとえば、鉋の刃の出を0.05～0.2mmに調節せよと言われても、測定はできない。そこで教師は、「髪の毛一本が横たわっているような感じ」というような表現で伝える。職人のいわゆる勘やコツに関わる領域である。科学的根拠に対して、いわば感覚的なものに依拠することになる。それは教師の経験や技量に大きく作用される。

　そこで、誰もが正確に能率的に作業できるよう治具(じぐ)の利用を工夫したい。たとえば、両刃鋸で角材を切る場合、そのまま切断したのでは個人差が大きく出る。「当て木」を使うだけでその差は小さくなり、それをマグネットシートを張ったスペーサーにすれば、さらに差は小さくなり、「マイターボックス（木口切り台）」を利用すれば、個人差はほとんどなくなる。そうしたものが治具である。

　治具は、工作物を正しく取り付ける役目のほか、いろいろな作業工具や機械のための案内機構をもつものといえる。この案内機構をもつことが治具の特質である。治具を用いる目的は、①誰でも同じものを作ることができる。②安全に配慮している。③正確に作ることができる。④能率よく、短時間で作ることができる。⑤できあがったものが均一である。

　治具そのものは実にシンプルでありながら、その果たす役割は大きい。したがって、アマチュアの工作人からプロの職人、生産現場の作業所から工場にいたるまで、モノづくりには欠かせない存在である。

　このような点から、教育現場でのモノづくりにおいても、技能の習熟に固執するのではなく、合理的で安全な作業のために、治具の利用に教師は傾注しなくてはならない。治具は、そのつどの作業内容や方法に対応して臨機応変に工夫して製作するものであるから、指導内容に即して、いずれ

の課題においても治具の利用を優先したい。

　このように、治具の役割と性格からして治具そのものを教えることが教育的に極めて意義があるといえる。

　教師が自作した治具の役割に注目すれば、生徒は工具と作業手順の間にある合理的なアタッチメントの存在を認識できる。そしてまた治具は、工作における１つの工夫にとどまらず、与えられた課題を果たすための具体的な手段を自ら生み出すところのヒントとして捉えることができるであろう。また、その工夫は、生産現場のように複数の要素を関連付け円滑に処理するシステムの構築につながることに気づかせたい。

3. 技術科教師の学びの場

　教科書の内容をより掘り下げて指導するためにも、そしてより分かりやすく興味深い授業をつくるためにも、技術科教師はさまざまなところから、貪欲に知識や技能や教育方法を学び続けることが必要であり、とくに教材研究は日々の課題としたい。

　このことに関する教師の学びの場としては、「全日本中学校技術・家庭科研究会」の全国大会や都道府県の支部ごとによる研究部会および研修会がある。また自治体ごとの総合学校教育センター主催の研修講座がある。各教育委員会が担当する初任者研修、５年研修、10年研修なども学びの場である。

　こうした官制あるいは半官制の研究会の他に、「技術教育研究会」や「産業教育研究連盟」のような民間の教育研究団体による研究会や研修会がある。

　たとえば、「技術教育研究会」は、会員が小学校、中学校、高等学校、工業高等専門学校、職業訓練諸機関、大学等の技術・職業教育関係の教師をはじめ、幅広い層の人々が集まっており、広範な学びを習得できる。全国大会をはじめ、公開研究会、合宿研究会の他、地域サークルを通して、日常的に技術・職業教育の理論と実践を多角的に学ぶことが可能である。また、会誌や会報も発行されており、情報の交流も多岐に渡る。民間の教

育研究団体は、教員らが自主的につくり上げ、参加しているため、授業にすぐに役立つ実践例や教師の技能習熟をめざす実技講座にも力を入れていることが特徴である。

その他、「日本産業教育学会」や「日本産業技術教育学会」のような学会は、産業と教育を結ぶ貴重な学びの場であり、各地の技術科教師も積極的に参加している。さらに専門分野別にある「日本図学会」「日本機械学会」「電気学会」「日本金属学会」「情報処理学会」などは、それぞれの領域の学術的研究に触れることができる。「国際航空宇宙博」や「国際ロボット展」「日本木工機械展」のような博覧会や展示会などは、最先端の技術を知るうえで参考になるし、「トヨタ産業博物館」や「竹中大工道具館」のような各企業が運営する施設には歴史的な産業遺産も含まれており、技術科教師にとって必須の見学場所である。

おわりに

「この歯車よく見てごらん。歯の1つひとつの側面部分、丸くなっているね。このカーブ、単なるカーブじゃないよ。実に偉大なカーブなんだよね、これが」

授業の導入から、教師は生徒の知的好奇心や探究心を刺激する展開をしたいものだ。そして授業のメインには、生徒にとって新しい発見であったり、経験であったり、また深い思考を要する教材を提示する。こうした教師の周到な気配りと先進的な発想が、知識や技能の伝達にとどまらず、生徒のさまざまな能力を啓発していくことになる。さらに、製作実習を通して、教師の人間性にもふれていくのである。

そこで生徒は、「技術」が先人たちの夢から生まれた工夫の積み重ねであり、これからもたゆみなく考え続けて、よりよい生活や生産を希求していくという、ものの見方や考え方や方法も学んでいくのである。

思考の幅を広げ、生徒の豊かな可能性を育んでいくという点で、技術科教師は極めて魅力に溢れている。

参考文献

昭文社出版編集部『工場見学首都圏』(ムック) 昭文社、2011年

若林克彦『絶対にゆるまないネジ——小さな会社が「世界一」になる方法』中経出版、2011年

『全国工場見学ガイド』(双葉社スーパームック) 双葉社、2010年

川瀬勝也「製図教育で子どもが変わる」依田有弘編『製図学習これまで・いま・これから——ものづくり力・想像力の原点——空間的な思考力の育成』(技術教育研究別冊3) 技術教育研究会、2007年

PEC編『動画で学ぶ機構学入門』(上・下巻) 日刊工業新聞社、2004年

PKDesign社企画・制作、伊藤茂編『"動く"メカニズムの事典 (CD-ROM版)』(日経ものづくりビジュアルシリーズVol.1) 日経BP社、2004年

中小企業の現場は学びの宝庫

　これほど高度に発達した科学・技術時代にあって「技術」の恩恵を享受していながら、「技術」そのものを知ることが少ないのが中学生の現実である。したがって、科学・技術の最新情報や技術者の現場の様子をタイムリーに提供し、「技術」の果たす役割や今後の課題、そして私たちはどのように考え対処すべきかを話題にすれば「技術」の存在が極めて身近になる。そしてそれは必ず内在し、生徒の技術観を育てていく。
　そのための情報としては、『日刊工業新聞』や『日経産業新聞』の記事が参考になる。また『Newton』（ニュートンプレス）や『科学』（岩波書店）など科学雑誌の特集記事にも注目したい。
　最も興味深く、生きた情報を得るのは、中小企業を見学することである。日本の企業の99.7%を占める中小企業を知ることは、工業の現状と課題を理解するうえで欠かせない。また特化した仕事内容なので、分かりやすいことや、職人レベルの技を知ることができる。また、経営の展望にかけるさまざまな苦労や工夫が、教師や生徒にとって大きな教訓となる。訪問先の選定にあたっては、工場見学ガイドが数種出版されているのでそれを参考にするのもよい。そこには見学の諸条件も網羅されている［昭文社出版編集部 2011、双葉社 2010］。
　また、最近マスコミで報じられた工場にそのトピックスについて知りたいと電話すれば、必ずといってよいほど応じてもらえる。
　めまぐるしく杼（ひ）が飛び交う力織機のスピードを目の当たりにするのも大切だが、杼に替えて水を利用して絵画のように織っていく織機の最前線を知らなくてはならない。絶対にゆるまないネジの開発は、教科書にも紹介されているが、訪問して社長に会えば、技術者の喜びと誇りとを直に感じることができる［若林 2011］。土木学会のWebサイトなどを調べていれば、港湾に浮かぶ巨大な橋の曳航（えいこう）に立ち会うようなチャンスに恵まれることもある。技術科の教師は、広くアンテナを張り巡らせ、産業現場の様子を生き生きと生徒に伝える存在でありたい。

第5章 技術科担当教員の養成

はじめに

　学校における教育実践は、担当教員に依存する部分が大きく、その水準は、担当教員の力量によるところが大きい。
　これは、技術科教育の場合も例外ではない。現在、技術科担当教員は、全国で約1万4500名いるといわれる。これは、他の教科や校種と比べると、一桁も違うあまりにも少ない数字であり、貴重な存在といえるが、技術科教育は、こうした貴重な技術科担当教員の奮闘によって支えられている。
　したがって、技術科教育を深いところから規定するものとして、こうした技術科担当教員をどう養成するかという教員養成のあり方は極めて重要となる。
　そこで本章では、日本における技術科担当教員の養成の現状を概観し、その特徴や課題について論じてみたい。
　なお、「教育職員免許法」においては、「教育職員は、この法律により授与する各相当の免許状を有する者でなければならない」（第3条）と規定さ

れ、「免許状主義」の原則が掲げられている。また、教員免許状には、普通免許状、特別免許状、臨時免許状があり、普通免許状は、専修免許状（大学院修了相当）、一種免許状（4年制大学卒業相当）、二種免許状（短期大学卒業相当）に大別されている。

本章でいう教員養成とは、これらのうち、現行制度で標準的な教員免許状とされる普通免許状の一種免許状を取得するための営みに限定している。すなわち、技術科担当教員の養成とは、中学校教諭一種免許状（技術）取得するための営みをいう。

第1節　技術科担当教員の養成を行う大学・学部

1. 課程認定を受けている大学・学部

日本における教員養成は、教員養成教育を大学で行う「大学における教員養成」および国・公・私立のいずれの大学でも、文部科学大臣の課程認定を受けた大学では、制度上等しく教員養成に携わることができる「開放制の教員養成」の二大原則によって営まれている。

こうした原則の下、2012年4月現在、国立大学法人（以下、国立大学）47大学47学部、公立大学0大学・学部、私立大学21大学27学部等、総計68大学74学部等で中学校教諭一種免許状（技術）取得のための課程認定を受け、技術科担当教員の養成を行っている（表1）。

これらのうち、国立大学の教育学部、学校教育学部、教育文化学部、教育人間科学部、教育地域科学部などの教員養成系の学部は、各地域に少なくとも1学部以上設置され、合計で43学部ある。これは、技術科担当教員を養成している大学・学部の65％以上にあたり、技術科担当教員の養成が国立大学の教員養成系学部に依存している度合いの大きさを示している。

これに対して国立大学の教員養成系以外の学部、いわゆる一般学部で技術科担当教員の養成を行っているのは、福島大学の理工学群、筑波大学の

表1　中学校教諭一種免許状（技術）の課程認定を受けている大学・学部等名

国立		
No.	大学名	学部等名
1	北海道教育大学	教育学部
2	弘前大学	教育学部
3	岩手大学	教育学部
4	宮城教育大学	教育学部
5	秋田大学	教育文化学部
6	山形大学	地域教育文化学部
7	福島大学	理工学群
8	茨城大学	教育学部
9	筑波大学	生命環境学類
10	宇都宮大学	教育学部
11	群馬大学	教育学部
12	埼玉大学	教育学部
13	千葉大学	教育学部
14	東京学芸大学	教育学部
15	横浜国立大学	教育人間科学部
16	新潟大学	教育学部
17	上越教育大学	学校教育学部
18	金沢大学	人間社会学域
19	福井大学	教育地域科学部
20	山梨大学	教育人間科学部
21	信州大学	教育学部
22	岐阜大学	教育学部
23	静岡大学	教育学部
24	愛知教育大学	教育学部
25	三重大学	教育学部
26	滋賀大学	教育学部
27	京都教育大学	教育学部
28	大阪教育大学	教育学部（第一部）
29	奈良教育大学	教育学部
30	和歌山大学	教育学部
31	鳥取大学	工学部
32	島根大学	教育学部
33	岡山大学	教育学部
34	広島大学	教育学部
35	山口大学	教育学部
36	鳴門教育大学	学校教育学部
37	香川大学	教育学部
38	愛媛大学	教育学部
39	高知大学	教育学部
40	福岡教育大学	教育学部
41	佐賀大学	文化教育学部
42	長崎大学	教育学部
43	熊本大学	教育学部
44	大分大学	教育福祉科学部
45	宮崎大学	教育文化学部
46	鹿児島大学	教育学部
47	琉球大学	教育学部

私立		
No.	大学名	学部等名
1	八戸工業大学	工学部
2	埼玉工業大学	工学部
3	日本工業大学	工学部
4	工学院大学	工学部第一部
		グローバルエンジニアリング学部
		教職特別課程
5	国士舘大学	理工学部
6	拓殖大学	工学部
7	東京都市大学	工学部
8	東京農業大学	地域環境科学部
9	日本大学	理工学部
		工学部
10	神奈川工科大学	工学部
		創造工学部
11	関東学院大学	工学部
12	湘南工科大学	工学部
13	桐蔭横浜大学	医用工学部
14	大阪電気通信大学	工学部
15	近畿大学	理工学部
		工学部
16	芦屋大学	経営教育学部
17	岡山理科大学	工学部
		教職特別課程
18	広島国際学院大学	工学部
19	徳島文理大学	理工学部
20	崇城大学	工学部
21	第一工業大学	工学部

（2012年4月現在）

出所：［教員養成・免許制度研究会編1990］をもとに作成

表2　中学校技術科の課程認定を受けている学部等の全国的配置状況（2012年4月現在）

	北海道	東北	関東	甲信越	東海	北陸	近畿	中国	四国	九州	計
国立大学教員養成系学部	1	5	7	4	4	1	5	4	4	8	43
国立大学一般学部	0	1	1	0	0	1	0	1	0	0	4
私立大学	0	1	16	0	0	0	4	3	1	2	27
計	1	7	24	4	4	2	9	8	5	10	74

出所：[教員養成・免許制度研究会編1990] をもとに作成

生命環境学類、金沢大学の人間社会学域、鳥取大学の工学部の4例だけである。

また、私立大学のうち、技術科担当教員の養成を行っているのは、工学院大学および岡山理科大学に設置されている教職特別課程を含む、工学系および農学系の学部を中心とする21大学27学部等にすぎず、中学校および高等学校の他の免許教科と比べて、極端に少ない状況となっている。加えて、技術科担当教員の養成を行っている私立大学は、北海道地方、甲信越地方、東海地方の0学部から、関東地方の16学部まで、地域間格差が大きく、とりわけ関東地方に集中している。

2. 教員免許状取得者数

技術科担当教員の養成における国立大学の教員養成系学部が果たす役割の大きさは、教員免許状取得状況からみても指摘できる。

過去5年間の一括申請による中学校教諭一種免許状（技術）の取得者数をみると、国立大学の教員養成系学部卒業者は、どの年度をみても、教員免許状取得者総数の65%を上回っている。これは、たとえば2012年3月卒業者のうち、教員養成系学部出身者が占める割合が国語30.0%、数学32.2%、社会20.6%、理科34.7%、英語18.0%であることと比較した場合、中学校技術科は、他の教科とは異なり、教員養成に占める国立大学の教員養成系学部の役割が特段に大きいことを示している。

表3　中学校教諭一種免許状（技術）の取得者数（2007～2011年度）

		2007年度 (2008年3月卒)	2008年度 (2009年3月卒)	2009年度 (2010年3月卒)	2010年度 (2011年3月卒)	2011年度 (2012年3月卒)
国立大学	教員養成系学部	319 (68.2%)	287 (68.0%)	295 (74.1%)	298 (70.6%)	285 (70.5%)
	一般学部	0 (0.0%)	10 (2.4%)	3 (0.8%)	1 (0.2%)	4 (1.0%)
公立大学		0 (0.0%)	0 (0.0%)	0 (0.0%)	0 (0.0%)	0 (0.0%)
私立大学		149 (31.8%)	125 (29.6%)	100 (25.1%)	123 (29.1%)	115 (28.5%)
計		468	422	398	422	404

※大学院および専攻科等での免許状取得者は除く。
出所：文部科学省『教育委員会月報』（第一法規、2007～2011年）をもとに作成

表4　私立大学における中学校教諭一種免許状（技術）の取得者数（2008年度）

No.	大学名	取得者数	No.	大学名	取得者数	No.	大学名	取得者数
1	八戸工業大学	11	8	東京農業大学	12	15	近畿大学	4
2	いわき明星大学	1	9	日本大学	不明	16	芦屋大学	10
3	埼玉工業大学	0	10	武蔵工業大学	9	17	岡山理科大学	6
4	日本工業大学	25	11	関東学院大学	11	18	広島国際学院大学	1
5	工学院大学	8	12	湘南工科大学	22	19	徳島文理大学	2
6	国士舘大学	1	13	桐蔭横浜大学	0	20	第一工業大学	9
7	拓殖大学	1	14	大阪電気通信大学	1			

出所：[佐々木・平舘 2010:114-115] をもとに作成

　反面、国立大学の一般学部の卒業者は、多くても10名しか教員免許状を取得しておらず、国立大学の一般学部における技術科担当教員の養成が実質的に機能していないことがわかる。

　また、私立大学の卒業者のうち、中学校教諭一種免許状（技術）を取得する者は、毎年25％以上はいるけれども、最小値と最大値の幅が100～149と、各年度の免許状取得者数の変動が大きい。さらに、大学間の取得者数の格差も大きく、2008年度の調査では、最も多い大学で25名が教員免許状を取得していたが、教員免許状取得者0名の大学が2大学、1名の大学が5大学であった［佐々木・平舘 2002:114-115］。

第2節　技術科担当教員の養成カリキュラム

1. 修得すべき科目

　課程認定をうけて教員養成を行う大学・学部等では、「教育職員免許法」と「教育職員免許法施行規則」に規定されている修得基準にもとづいて、教員養成のためのカリキュラムを編成しなければならない。

　この基準によると、大学の教職課程において修得しなければならない科目は、次の3つに大別される。

　第一に、「教職に関する科目」である。教職の意義、教育の基礎理論、教育課程および指導法、生徒指導・教育相談および進路指導、教育実習、教職実践演習といった、幼稚園、小学校、中学校、高等学校、養護教諭、栄養教諭など、おもに教科等に関係なく、取得しようとする校種等の教員になるために必要な知識や技能を習得するための科目である。

　第二に、「教科に関する科目」である。これは、担当教科に関する専門的な知識や技能の修得を目的とした科目で、中学校教諭一種免許状（技術）を取得する場合、「木材加工（製図及び実習を含む）」「金属加工（製図及び実習を含む）」「機械（実習を含む）」「電気（実習を含む）」「栽培（実習を含む）」「情報とコンピュータ（実習を含む）」が、これにあたる。

　第三に、「教科又は教職に関する科目」である。大学独自で「教職に関する科目」に準ずる科目が開設される場合や、「教職に関する科目」および「教科に関する科目」の法定単位数を超過して修得した単位分がこの科目の単位として充てられる場合などがある。

2. 最低修得単位数

　また、「教育職員免許法」および「教育職員免許法施行規則」には、「教職に関する科目」「教科に関する科目」「教科又は教職に関する科目」の最

低修得単位数が定められている。

　1998年、「教員の資質の保持と向上を図る」ため「教育職員免許法」と「教員職員免許法施行規則」が一部改正され、「大学における教員養成の改善及び免許制度の弾力化等」が行われた。そして、この制度改革の一環として、中学校教諭一種免許状取得のための最低修得単位数について、「教職に関する科目」が19単位から31単位、「教科又は教職に関する科目」が0単位から8単位に増加され、反面で、「教科に関する科目」は40単位から20単位に削減された。

　この制度改変以前は、中学校教諭一種免許状（技術）を取得する場合、「木材加工（製図及び実習を含む）」6または4単位、「金属加工」4または2単位、「機械（実習を含む）」6または4単位、「電気（実習を含む）」6または4単位、「栽培（実習を含む）」2単位、「情報基礎（実習を含む）」2単位の計20単位に、各大学で定めた「教科に関する科目」20単位を加えて、総計40単位が免許状取得のために最低限必要であった。しかし、現在では、「木材加工（製図及び実習を含む）」「金属加工（製図及び実習を含む）」「機械（実習を含む）」「電気（実習を含む）」「栽培（実習を含む）」「情報とコンピュータ（実習を含む）」に関する科目をそれぞれ1単位以上、合計で20単位以上修得すればよいことになっている。

　ただし、これらはあくまでも大学で最低限修得しなければいけない単位数を示したものであり、課程認定を受けた各大学・学部では、この基準を満たしつつ、技術科担当教員として必要な資質を身につけさせるために、さまざまなカリキュラムが編成されることとなる。

　実際に、1998年の「教育職員免許法」一部改正以降、全国の国立大学教員養成系学部では、卒業に必要な単位として、124単位から144単位までの範囲で設定されている。また、専門教育科目は、平均88.2単位で、このうち、「教科に関する科目」にあたる科目は、最も少ない大学で20単位、全体の平均で32.5単位が設定されている。

第3節　技術科担当教員の養成の課題

1. 国立大学改革と技術科担当教員の養成

　これまでみたように、技術科担当教員の養成に関しては、国立大学の教員養成系学部の占める比重が特段に高い。

　しかし、近年、国立大学をめぐってはさまざまな制度改革が行われ、教員養成系学部の再編・縮小が進行している。

　たとえば、国立大学の教員養成系大学・学部は、1998年度から2000年度までの3年間に学生定員を5000名削減するという措置がとられ、少なくはない大学において、小学校教員の養成に重点化する学部等の改組が行われた。その結果、中学校にしかない技術科の教員免許状は、カリキュラム上において、小学校教員免許状を取得する学生のいわゆる「副免」という位置づけにしかならず、教員配置においても、技術科担当教員の養成を担当していた大学教員を、情報教育や教育実践センター等へ配置転換した大学も認められた［田中 2002:1-3］。

　また、2004年に旧来の国立大学が国立大学法人化したことも、技術科担当教員の養成に大きな影響を与えている。国立大学法人の運営の基盤となる運営交付金に「効率化係数」がかけられ、毎年1％ずつ削減され続けてきた。これによって、総予算中に占める人件費の割合が高いことや附属学校を抱えている教員養成系大学・学部は、教員ポストの削減や人事停止等による人員の整理・削減を進めざるを得なくなった［坂口 2010:1-2］。

　さらに近年では、各国立大学を、それぞれの「強み・特色・社会的役割（ミッション）」等によって差別化しようとする「国立大学の機能強化」政策が強力に推進され始め、その一環として、教員養成系大学・学部のよりいっそうの「量的縮小」が実現されようとしている。国立大学の教員養成系学部をめぐる情勢は極めて厳しい。

　こうしたことが影響し、これまで各都道府県に1学部以上存在していた

技術科担当教員の養成を担う国立大学の教員養成系学部は、現在は各地域に1つまで減少している。

国立大学の教員養成系学部に関するこれらの事態は、前述のように、国立大学の教員養成系学部に依存する度合いが高い技術科担当教員の養成全体の弱体化を意味しており、それは、もはや危機的または解体的ともいえる状況にまで陥っているとみられている。中学校の技術科は、すべての子ども・青年たちのための普通教育としての技術教育を担う、日本における唯一の教科制度である。それゆえ、国立大学におけるこの技術科担当教員の養成制度が今以上に弱まった場合、日本の学校内の技術・職業教育そのものが大きく衰退しかねない。

2. 教員養成カリキュラムと専門性の確保

前述した1998年の「教育職員免許法」一部改正では、教職教育の「教科重視」路線から「教職重視」路線への転換がはかられ、「教科に関する科目」の最低修得単位数が40単位から20単位に削減され、反面で、「教職に関する科目」の単位数が19単位から31単位に増加された。

こうした改定により、技術科担当教員の養成を担う国立大学の教員養成系学部、とくに小学校教員養成に重点を置いた「学校教育教員養成課程」などを置く大学・学部では、おもに実習科目を削減し、専門教育科目のうちの「教科に関する科目」を最低修得単位の20単位しか設定しない大学も出てきている。このような「教科に関する科目」の最低修得単位数の削減は、技術科担当教員の養成の場合、実習に関する専門教育の弱体化として現れることが少なくない。

技術科は、実習を不可欠とする教科である。実習科目を中心とする「教科に関する科目」の削減は、中学校技術科担当教員の実習に関する指導力の低下に直結するおそれがあり、技術科教員の専門性の確保という点で見過ごすことができない問題であるといえる。

3. 教員採用の動向と技術科担当教員の養成

さらに近年では、教員採用試験の実施方法や選考基準が変化し、これまでの筆記試験重視から人物重視・面接重視への移行が進んでいる。

これによって、教員になろうとする学生のなかには、教員採用試験に合格するための面接指導などを徹底的に指導してもらうことこそが必要不可欠との偏狭な考え方を強める者も出ている。また、大学側にも、学生に対して、丁寧な教員採用試験受験のための指導を重ね、受験地までも割りあてるという手厚い大学の存在も明らかになってきている。

こうした教員採用の動向も、技術科担当教員の養成を担う大学・学部に対して、改革を迫るものになってきている［坂口 2010:1-2］。

4. 技術科担当教員の養成を担う大学教員の養成

最後に、教員養成にとっては、教員養成を担当する大学教員が研究成果を重ね、それにもとづく教員養成カリキュラムを編成し、実践していく主体性の確立が必要不可欠となる。そして、この主体性の確立には、教員養成を担う大学教員の養成が重要となり、とくに、教員養成を担う教員養成系の博士課程が、大学における教員養成の充実に果たす役割は大きい。このことは、近年の大学における教員養成改革に関する答申や報告書のなかでも、継続して述べられてきたことである。

しかし、日本においては、技術科教育に限らず、教員養成を担当する大学教員の養成は、戦後長期間にわたってその制度が整備されてこなかった。とくに、重要な役割をもつとされる教員養成系の博士課程は、1996年4月に開設された東京学芸大学と兵庫教育大学を基幹大学とする2つの「連合大学院」、および2012年4月に開設された静岡大学と愛知教育大学の共同教育課程による博士後期課程のみである。

また、近年では、教員養成系大学・学部における大学教員の採用に際して、いわゆる現場経験者を優遇する傾向も強まっている。

大学において教員養成を担当する教員の養成については、大学における教員養成の質を規定するものとして重視されているものの、現段階では課題が山積しており、そのあり方が問い糾され続けている。

お わ り に

　技術科担当教員の養成においては、国立大学の教員養成系学部が、①養成機関数の点で全体の65％以上を占め、②免許状取得者数の点でも当該年度の取得者総数の65％以上を、③各地域に供給しているという点で、他教科にみられない大きな役割を果たしているといえる。

　反面、国立大学の一般学部では、技術科担当教員の養成は、実質上機能しておらず、私立大学においても、実際には、地域的にも数的にも、ごく限られた大学でしか行われていない。

　したがって、これまでの中学校技術科教育の安定的地歩の基盤には、国立大学の教員養成系学部の存在があったといっても過言ではないし、技術科担当教員の養成において、国立大学の教員養成系学部が担ってきた役割を代替できる機関や条件もないといわざるをえない。

　近年の国立大学の教員養成系学部をめぐる動向は、技術科担当教員の養成に関わる重要な問題として認識し、ここが揺らげば、日本の技術科教育は、真に危険な状況に陥ることに留意しなければならない。

参考文献

坂口謙一「技術・職業教育を揺さぶる教師の養成・採用の動き」『技術と教育』第444号、技術教育研究会、2010年

佐々木英一、平舘善明「日本の技術科および工業科の課程認定大学」田中喜美（研究代表）『技術・工業の教員養成プログラムの評価システムと学

生の能力実態に関する国際比較』平成18年度～平成21年度科学研究費補
　　助金（基盤研究Ａ）研究成果報告書、2002年
田中喜美「国立教員養成系大学・学部の再編統合問題と技術科教員養成」
　　『技術と教育』第340号、技術教育研究会、2002年
君和田容子「工業科教員の養成・採用・研修に関する調査研究――1997年調
　　査」『教育実践研究指導センター研究年報』第７号、1998年
文部省教職員課教員養成・免許制度研究会編『教員免許ハンドブック』第一
　　法規出版、1990年

工業科教員養成制度の特殊性

　高等学校において、工業科の専門教育を担当する教員（以下、工業科教員）の養成には、技術科担当教員の養成とは異なる問題が存在する。

　それは、工業科教員養成制度が、極めて特殊な内容で構成されているという点である。「教育職員免許法」の附則において、工業の教員免許状を取得しようとする場合には、「教職に関する科目」を履修しないでも、工業の「教科に関する科目」の単位修得のみで、高等学校「工業」の教員免許状を取得できるようになっている。

　この措置は、元々1960年12月の閣議決定「国民所得倍増計画」の実施にともなう技術者不足および工業高校新増設に対応するために、工業科教員供給源の増大を図ったことによるものといわれている。これ以来、社会の状況は大きく変わったけれども、50年以上、高等学校教諭一種免許状（工業）の授与については、抜本的な見直しは行われず、特例措置が認められ続けている。

　2009年４月時点で、高等学校「工業」の課程認定を受けた大学・学部は、国立大学が63大学92学部、公立大学が６大学７学部、私立大学が77大学115学部、総計で146大学214学部存在している。

　1997年２月の調査では、こうした大学等で「教職に関する科目」を全く履修しなかった工業科教員は16.1％を数えた。他方で、大学等で「教職に関する科目」を履修した工業科教員は83.9％であったが、履修科目数にばらつきがあり、１科目だけ履修した者からすべての「教職に関する科目」を履修した者などが含まれていた［君和田 1998:35-40］。

　このように、工業科教員養成制度にみられる特例措置は、青年期にある子どもたちの発達課題や今日の学校教育をめぐる諸問題、授業づくりの理論などを学ぶ科目の履修、および教育実習の体験を軽視している等、教育学の立場からは大きな問題となっている。

第6章 障害者の技術教育

はじめに

　学校教育としての障害者に対する技術教育は、知的障害の場合と、それ以外の場合とでは、かなり事情が異なっている。すなわち、知的障害以外の場合は、教育課程の構成等において、中学校等のいわゆる通常の学校の教育に準ずることが基調とされているのに対して、知的障害の場合は、独自の定めがある場合が多い。

　そこで本章では、知的障害の場合を中心に取り扱い、それ以外の場合は必要に応じて取り上げることとする。また、本章においては、障害者の語は、主として障害をもつ子ども・青年に対して用いる。

第1節　障害者が教育を受ける場

　日本において、障害をもつ子ども・青年が教育を受けることのできる場

は、以下のように定められている。なお、障害者に対する教育を場によってだけ提供することに対しては批判が提起されている（コラム参照）。

1． 特別支援学校

「学校教育法」によれば、視覚障害者、聴覚障害者、知的障害者、肢体不自由者または病弱者（身体虚弱者を含む）に対して、「幼稚園、小学校、中学校又は高等学校に準ずる教育を施すとともに、障害による学習上又は生活上の困難を克服し自立を図るために必要な知識技能を授けることを目的と」する教育機関として、特別支援学校が規定されている（72条）。

特別支援学校には、小学部および中学部を置かなければならないとされている。ただし、特別の必要のある場合においては、そのいずれかのみを置くことができる。また、特別支援学校には、小学部と中学部のほか、幼稚部または高等部を置くことができ、また、特別の必要のある場合においては、小学部と中学部を置かないで幼稚部または高等部のみを置くことができる（76条）。

特別支援学校での教育の対象となる障害の程度は、「学校教育法施行令」によって定められている（22条の3）。

2． 特別支援学級

「学校教育法」では、小学校、中学校、高等学校および中等教育学校には、特別支援学級を置くことができるとされている。特別支援学級の対象となる子ども・青年は、知的障害者、肢体不自由者、身体虚弱者、弱視者、難聴者、その他障害のある者で、特別支援学級において教育を行うことが適当なもの、の6種類である（81条）。

3. 通級による指導

通常の学級に在籍する障害者等を、一定の時間特別な場（通級指導教室または特別支援学級）に移して教育を提供することを通級という。

「学校教育法施行規則」には、小学校、中学校または中等教育学校の前期課程において、心身の故障に応じた特別の指導を行う場合に特別の教育課程によることができるとする規定等があり、これが通級による指導の根拠となっている。

通級指導の対象となる子ども・青年は、言語障害者、自閉症者、情緒障害者、弱視者、難聴者、学習障害者、注意欠陥多動性障害者、その他障害のある者で、この条の規定により特別の教育課程による教育を行うことが適当なもの、の8種類である（140条）。

4. 訪問教育

訪問教育とは、就学はできるけれども通学することが困難な障害者を対象とした教員派遣による教育の一種である。

しかし、訪問教育という用語は、法令上の規定をもっていない。訪問教育の制度的な根拠は、「学校教育法」81条および「学校教育施行規則」131条において、「教員を派遣して」教育を行うという規定による。

第2節　特別支援学校の教育課程

1. 中学部の教育課程

特別支援学校中学部の教育課程は、次のようになっている。

「学校教育法施行規則」によれば、中学部の教育課程は、各教科（国語、社会、数学、理科、音楽、美術、保健体育、技術・家庭、外国語）、道徳、総

合的な学習の時間、特別活動、自立活動の、5つの領域から構成することになっている（127条第1項）。

これに対して、知的障害をもつ生徒を教育する場合は、各教科（国語、社会、数学、理科、音楽、美術、保健体育、職業・家庭）、道徳、総合的な学習の時間、特別活動、自立活動の5つの領域から構成することになっており、必要に応じて教科に外国語科を加えることができるとされている（127条第2項）。

両者の違いは、知的障害をもつ生徒を教育する場合は、そうでない場合と比べて、①技術・家庭科が職業・家庭科となっている、②原則的に外国語科は設置する必要がない、という2つの点にある。

2. 技術教育の教育課程の特徴

次に、特別支援学校の教育課程について、小学部から高等部までを技術教育の視点から俯瞰してみよう。先に述べたように、知的障害以外の特別支援学校については、いわゆる健常者が通う小学校から高等学校までの教育課程に準ずるものとされているので、ここでは、知的障害の場合をみる。

知的障害特別支援学校の教科構成については、それ以外の学校の場合に比べ、技術教育に関する次の3つの違いがある。

第一は、小学部においては社会科、理科、家庭科がなく、生活科が第1学年から第6学年まで一貫して置かれていることである。これは、1971年の「学校教育法施行規則」一部改正に伴い、障害児教育諸学校の学習指導要領改定によって、知的障害養護学校小学部に、生活科が第1学年から第6学年まで新設され、それに伴い、同学年の社会、理科、家庭の各教科が廃止されて以降のことである。

第二は、中学部においては技術・家庭科ではなく職業・家庭科となっていることである。このことについては後述する。

第三に、高等部においては、普通教科に「職業」があるほか、専門教育の教科構成にかなり違いがある。すなわち、知的障害特別支援学校以外の

場合は、高等学校の専門教科を基本として、必要であれば独自の教科が開設できるようになっている。それに対して、知的障害特別支援学校の場合の、主として専門学科において開設される教科は、家政、農業、工業、流通・サービス、福祉の５教科である。さらに、知的障害特別支援学校高等部の教科は、それに属する科目をもっていない。

こうした教科構成がとられている理由は、文部省によれば次のように説明されている。すなわち、小学部の教科「生活」に接続するのは、「中学部での社会、理科、家庭、保健ではなく、むしろ職業・家庭であ」る〔文部省編 1974:64〕とともに、高等部の職業科は、中学部の職業・家庭科を発展的に分化、独立させたものである〔文部省 1971:51〕。

3. 教育課程編成上の特例

前項では、技術教育の視点からみた知的障害特別支援学校の特徴を述べた。では、全国の知的障害特別支援学校中学部のすべてで職業・家庭科が実施されているかといえば、必ずしもそうではない。これは、次の規定があるためである。

前述したように、「学校教育法施行規則」によれば、特別支援学校中学部の教育課程は、各教科、道徳、特別活動、自立活動の５つの領域から構成されている（127条）。

しかし、同規則には、特別支援学校において、知的障害をもつ子ども・青年または複数の障害をもつ子ども・青年を教育する場合でとくに必要があるときは、各教科、道徳、総合的な学習の時間、特別活動、自立活動の全部または一部について、合わせて授業を行うことができるとされている（130条第２項）。すなわち、たとえば、数学と理科を合わせて、あるいは職業・家庭科と総合的な学習の時間を合わせて授業を行うことができる。極端にいえば、総合的な学習の時間を除く４つの領域すべてを合わせて授業を行うことも可能である。

この、領域・教科を合わせた指導について、文部科学省「特別支援学校

学習指導要領解説　総則等編（幼稚部・小学部・中学部）」（2009年）では、①日常生活の指導、②遊びの指導、③生活単元学習、④作業学習、の４つが例示されている。

　なお、上記以外の特別支援学校での教育の場合は、各教科または各教科に属する各科目の全部または一部を合わせて授業を行うことが認められている（130条第１項）。

第3節　知的障害者の職業・家庭科と作業学習

1. 中学部の職業・家庭科の人間像

　現行の「特別支援学校小学部・中学部学習指導要領」（2009年）では、知的障害者を対象とした中学部における職業・家庭科の記述は、「目標」（教育目的）と「内容」（単元）とから構成されている。

　「目標」は、「明るく豊かな職業生活や家庭生活が大切なことに気付くようにするとともに、職業生活及び家庭生活に必要な基礎的な知識と技能の習得を図り、実践的な態度を育てる」となっている。また、「内容」は、「働くことの意義」「職業に関する基礎的な知識」「道具・機械等の取扱いや安全・衛生」「役割」「産業現場等における実習」「家庭の役割」「家庭に関する基礎的な事項」「情報」「余暇」の９つの観点から示されている。中学校における技術・家庭科と比較すると、職業・家庭科の場合は、「目標」「内容」ともに、「職業」と「家庭」とに分けられておらず、すべて共通である。

　職業・家庭科の「内容」はどうだろうか。先にみた「目標」には、「職業生活及び家庭生活に必要な基礎的な知識と技能の習得を図り」という部分がある。しかし、たとえば、前述した「内容」の９つの観点のうち、「職業に関する基礎的な知識」は、実際には、「職業に就くためには、基礎的な知識と技能が必要であることを理解する」となっている。すなわち、

教育目的のレベルではともかく、実際に生徒に習得させる教育内容は、職業に関する知識と技能ではなく、その必要性にとどまっている。

知的障害特別支援学校の中学部において、技術・家庭科ではなく、職業・家庭科がおかれていることについて、国は次のように説明している。すなわち、知的障害者の教育は、「生産社会に参加できる人間を育てることを目指していることにあるとともに『技術』を教えてもそれを駆使して生産に役立てることが極めて困難であるということによる。そこで学習指導要領では、目標として『職業生活および家庭生活に必要な基礎的知識、技能、態度を養う』としている。したがって、『職業・家庭』の内容には、職場での安全に注意したり、きまりを守ったり、他の者と協力しあうなど態度を養うことが重要な指導内容としておさえられている」［文部省編 1974:62］。

つまり、職業・家庭科には、生産技術に関する科学的認識と技能といった、普通教育としての技術（科）教育において子ども・青年たちに身につけさせる教育目標＝内容は軽視されている。言い換えれば、知的障害特別支援学校中学部における職業・家庭科という教科の特殊な位置づけには、知的障害者の発達可能性に対する否定的・限定的な人間像が反映されていると考えられる。

2. 作業学習の差別観

知的障害特別支援学校において、「各教科等を合わせて指導を行う場合」に重要な役割を果たしているものに、第2節の3で述べた「作業学習」がある。「作業学習」は、小学部での生活単元学習から接続し、中学部での生活単元学習と「作業学習」を経て、高等部の「作業学習」へつながるものとされている。このうち「作業学習」は、文部科学省「特別支援学校学習指導要領解説　総則等編（幼稚部・小学部・中学部）」（2009年）によれば、「作業活動を学習活動の中心にしながら、児童生徒の働く意欲を培い、将来の職業生活や社会自立に必要な事柄を総合的に学習するものである」とされ、この中核となる「作業活動」について、「農耕、園芸、紙工、

木工、縫製、織物、金工、窯業、セメント加工、印刷、調理、食品加工、クリーニングなどのほか、販売、清掃、接客なども含み多種多様である」と説明されている。

　この「作業学習」は、歴史的にみると、アジア・太平洋戦争後の新学制下において、知的障害教育の分野でも進められた経験主義的なカリキュラム編成、なかでも、1950年代から1960年代にかけて盛んに行われた「学校工場方式」の流れを汲むものといえる。「学校工場方式」は、知的障害をもつ中学生を対象とした特別な教育方法であり、彼・彼女たちを将来の職業生活へ「適応」させることをめざしたものであった。具体的には、市販可能な商品を生産・納品（販売）することをめざして、学校を工場に見立て、学校での活動を組織化するというものである。そしてその実施に際しては、「十分習熟をつみ、完全学習として効果の発揮できるまで、設定された段取りはある程度変更されず、同一作業が継続的に反復実施された方がのぞましい」とし、限定的な作業を繰り返し行わせる少種多量生産が推奨された［小杉ほか 1963:14-17］。こうした特別な学校教育のあり方は、社会的・職業的な自立が容易ではない知的障害児を「何とか一人前の社会人にする」ための方法として注目され、現在も一定程度の影響力をもっていると考えられる。

　今日の「作業学習」は、このような「学校工場方式」にみられる歴史的・社会的背景をもちながら、知的障害者に対して、限定的な作業を繰り返し行わせること等を通して、職業に従事する者に必要とされる態度・習慣を習得させること（社会化）によって社会への順応をめざすことがその主要な側面になっているといえよう。

　以上に概略を述べた職業・家庭科と「作業学習」は、別個のものではなく、制度的かつ現実には一体化した差別的構造をなしていると認識するのが自然であろう。言い換えれば、この特別な仕組みを、①制度上の教科構成の面からみたものが生活科（小）－職業・家庭科（中）－職業科（高）という経路であり、②日々の教育実践でそれを実体として担っているのが生活単元学習と「作業学習」であるという、いわば同じメダルの裏と表と

いう構造をなしているとみることができる。

そして、「作業学習」は、職業教育の一要素である社会化が極度に強調されたものであり、職業教育の極めて特異な一変種であるといえる。

おわりに

障害をもつ人々、とりわけ知的障害者の技術教育は、彼・彼女たちの家庭・学校生活から職業生活への移行という、学校卒業後の職業生活にいかにスムーズに接続できるかをつねに視野において展開されてきたといってよい。

職業生活とのスムーズな接続を意図するという点では、高等部において、職業教育にかなり特化した教育課程をもつ学校が現れているほか、特別支援教育にもキャリア教育の導入が進められている。

しかし、職業教育に特化した教育課程は、実際には、職業を営むのに必要となる認識と技能を育むというよりもむしろ、ある特定のしごとの範囲に焦点を合わせて限定的な作業を繰り返し行わせ、それを「習得させる」ことを重点化するものであることが少なくない。また、キャリア教育は、一定の職業に関する科学的認識と技能の獲得に基礎づけるという観点を弱めたところで「勤労観、職業観の育成」をめざそうとしている。これらが、障害者が「人間らしく生きる」ための技術・職業教育の実現を支えることになるかどうかは、理論と実践の両面から的確に見極める必要がある。

全体として、特別支援学校における技術教育は、少なくとも形式的には、障害者の卒業後の職業生活に対峙しようとする「職業教育」の面から拡充される傾向にある。学校教育を子ども・青年たちの職業生活と接続させることは、確かに重要な課題であるとはいえ、障害の有無等にかかわりなくすべての子ども・青年たちが基本的人権を行使し、持続的発展可能な社会の主人公として生きるための豊かな発達を保障するという視点を欠いては、それは本末転倒であろう。その意味では、障害者の技術教育においても、まず普通教育としての技術教育が豊かに保障されることが、克服すべき重

要な教育課題の1つであり続けている。

参考文献

茂木俊彦（編集代表）『特別支援教育大事典』旬報社、2010年

文部省編『養護学校（精神薄弱教育）学習指導要領解説』東山書房、1974年

文部省「養護学校（精神薄弱教育）小学部・中学部学習指導要領資料」文部省編『養護学校（精神薄弱教育）小学部・中学部学習指導要領』慶応通信、1971年

小杉長平ほか『学校工場方式による精薄児の職業教育』（全日本特殊教育研究連盟編／特殊教育双書）日本文化科学社、1963年

COLUMN

基本的人権を尊重する特別ニーズ教育

　障害をもつ子ども・青年のための日本の教育制度は、2007年度以降、それまでの「特殊教育」から「特別支援教育」となった。「特別支援教育」「特殊教育」のどちらも、その基本的な行政理解は、特別な場（特別支援学校、特別支援学級、通級指導）における教育であり、障害の種類と程度の判別にもとづいて、障害をもつ人々に対する分離的な処遇がなされている。

　これに対して民間側から提起されている概念に、特別ニーズ教育がある。特別ニーズ教育とは、特別な教育的ニーズに応じる教育のことである。特別な教育的ニーズとは、「現在の公教育（学校教育）の科学的・民主的な蓄積と到達に立ってなお、子どもの全面的な能力および人格の発達を保障するために、通常の教育において一般的に行いうる教育的配慮にとどまらず、特別なカリキュラムの準備、教育施設・設備の整備、教材・教具の開発、その他の付加的な人的・物的・技術的な諸条件の整備を必要とするニーズのことをいう」とされる［茂木 2010:698］。

　特別ニーズ教育は、従来の障害児教育と通常教育との二分法に限定されない教育的対応を可能にする。すなわち、その対象は、特別な教育的ニーズをもつかどうかによるため、障害をもつ子ども・青年だけでなく、不登校者や、外国人・帰国子女など日本語教育の必要な人々も含みうる。教育の場も、特別な場だけでなく、通常の学級においても行われうる。これらについては、障害の定義である「国際生活機能分類（ICF）」と「障害者の権利に関する条約」（日本国内での発効2014年2月）が大いに参考になる。

第2部

技術科の授業

第7章

図面・製図に関する授業

はじめに

　図面は、設計者の作りたい物の形や大きさ等の意志を、図表現によって製作者に伝えるコミュニケーションツールとしての機能をもっている。すなわち、図面は、製造業界における言語の役割を果たしている。また、実際に図面を作製する知的活動を伴う製図学習は、単に図を読み描きする力をつけるだけでなく、思考力をも養うということを技術科教師は意識してほしい。言語の場合に置き換えてみると、それは重要なコミュニケーションツールであるが、そればかりでなく、人は自分の知っている言語でものごとを考えている。それと同様に、系統的で科学的な製図学習を学んだ者は、図形を駆使しての思考ができるようになる。そのうえ、Ｔ定規やコンパスなどの製図用具を用いての正確な作業の積み重ねは、それぞれの発達段階に応じて、生徒たちの学習姿勢までも変え得る。正確な図表現が可能になるという実感だけでなく、知的作用を伴った真の学びの楽しさを会得するという点でも、製図学習は大きな教育力を秘めている。

第1節　製図学習の目的

1. 生産と図面

　18世紀半ば以降の産業革命では、工場制機械工業の導入によって、大規模な大量生産が行われるようになった。生産現場では、分業にもとづく協業が中心となり、そのためには各工程が共有する正確で分かりやすい情報手段が必要となった。それが図面である。

　精度が高く共通理解できる図面とはどのようなものか。それは、科学的で体系だった原理で図表現されたものである。18世紀の終わりに、フランスのガスパール・モンジュ（Gaspard Monge, 1746～1818）によって、「図法幾何学」の基礎ができ、これが今日の製図のもととなった。

　モンジュによる、3次元の空間図形を2次元である平面上に表示する方法は、「投影法」と呼ばれている。学習指導要領や技術科の教科書等に掲載されている製作図や各図法もすべてこれにもとづいている。製図を学ぶときには、単に知識としての「かき方」や「よみ方」を知るだけでなく、製図の根本原理である「投影法」を理解し、立体そのものを構造的に把握し、表現できることが最も重要である［ブッカー 1967］。

　かつては、T定規や三角定規、ドラフターのような製図用具による手描きの図面が専ら使用されていたが、現代ではCAD（Computer Aided Design）というコンピュータを利用した作図や設計の手法が主流である。CADには、2次元方式と3次元方式があり、今日では3次元CADの利用が進んでいる。

　ただし、小学校や中学校などの基礎的な段階では、まず手描きの製図ができるようになることが重要であろう。大学や高等専門学校などで最新の3次元CADを指導する場合でも、従来型の製図に関する学習を先行させる取り組みは少なくない。また、企業においても、大型図面や現場での部分修正などにおいては手描きの製図も行われている。

　正確な図面を効率的に描き、データを蓄積するだけであれば、CADの

使用法を身につけるだけでもよい。しかし、図面のあらゆる情報を的確に読み取り、分析や提案ができるためには、空間概念や立体的思考力が欠かせない。図面は、部品の整合性を考えて寸法や形状の変更を絶えず求められる。さらに、製品の開発、生産システムを構築する場合には、高度な作図能力を駆使した情報発信力も必要となる。一概に製図といっても機械製図、建築製図、土木製図、電気製図、電子製図などさまざまな種類があるが、その根本の原理は同じところから発している。したがって、製図は、工業生産分野の共通した基礎としての性格と役割をもっている。

2. 学習指導要領と教科書

2008年告示の「中学校学習指導要領」では、製図学習について、「材料と加工に関する技術を利用した製作品の設計・製作」の一環として、「構想の表示法を知り、製作図をかくことができること」と指示されている。また、このことを受け、文部科学省「中学校学習指導要領解説 技術・家庭編」(2008年) は、以下のようにさらに詳しく述べている。

> 製作には、製作図が必要であることや、構想の表示法を知り、製作図をかくことができるようにする。その際、製作図には、構想の問題点の整理と修正、製作品や部品の形状・寸法の表示などのさまざまな役割があることについても知ることができるようにする。この学習では、機能と構造の検討から製作まで、それぞれの場面に応じて適切な表示方法を選択し、製作図をかくことができるように指導する。たとえば、機能と構造を検討するために、等角図やキャビネット図を用いて製作品の全体像や部品相互の位置関係などを表示させたり、製作場面で利用するために第三角法を用いての形や寸法を正確に表示させたりすることも考えられる。また、指導に当たっては、算数科、数学科、図画工作科、美術科等の教科において学習しているさまざまな立体の表示・表現方法との関連を配慮する。なお、設計する際には、自分の考えを整理し、実際の製

作を行う前に課題を明らかにするとともに、よりよいアイディアを生み出せるよう、製作図を適切に用いることについても指導する。

　以上のような国の基準にもとづいて、技術科の各社の検定済教科書では、「製品の構想をまとめ、図に表そう」などの小単元を設けて、製図に関する内容に10～13頁を充てている。ただし、技術科における製図は、1977年改定の「中学校学習指導要領」が施行される以前は「木材加工」や「金属加工」とは別の独立した単元として位置づけられていたが、それ以降は加工に関する単元の一部に組み込まれてしまっている。製図は、技術科の標準授業時数が削減されるなかで、最も影響を受けた内容といえよう。
　しかしながら、こうした国の教育課程基準の動向によって、製図学習そのものの重要性が弱まったわけではない。学習指導要領が掲げる「構想の表示法を知り、製作図をかくことができること」、このことを的確に指導し、真に生徒が到達すべき目標を達成するためには、系統的で科学的な授業展開が欠かせない。しかも各社の教科書が、相当数のページを製図関係に割いていることは、依然として製図学習が技術科の重要な学習内容であることを物語っている。
　生徒が図面の役割と製図学習の意義を理解するためには、製図・図面が個人的に行う製作や加工の一部に位置づくという認識では、極めて不十分である。あらゆる工業製品が"夢"から形づくられていく過程において製図・図面が果たしている役割を実感すること、そして、作図によって培われる思考力こそが、誰にとっても必要であることを強調したい。

3. 製図学習の教育的意義

　立体を目の前に置き、これを絵で描き表そうとするときに、各辺の長さや角度をどのように決めたらよいか悩むことになる。ましてや、まだ見ることのできない頭の中の想像物の構想図を描くことは容易ではない。幼いころから経験している絵画の表現は、自由な発想と方法で形や色を表すが、

その結果は人によってさまざまに異なるし、自分としてもなかなか定まるところがない。

ところが、図表現としての製図では、一定の原理と方法によって立体を表すから、結果は平等であり、形や位置が極めて整えられたものとなる。これが製図の大きな特徴である。三角定規やコンパスなどの製図器具を用いて誰もが容易に正確に立体が描けることに生徒は一様に驚く。しかも一度製図を経験すると、フリーハンドの描写力も格段と向上する。水平、垂直そして奥行きの捉え方のバランス感覚が磨かれるのである。こうしたことは、客観的にものを捉え、構想し、分析する有効な手段ともなっていく。

到達目標として最も大切なことは、立体を表現する原理である「投影法」を理解することである。各立体の描き方を教えるだけでは、生徒の「なぜそのように描くのか」の疑問に答えていないことになり、それは製図学習の目標である立体感覚や立体的想像力の発達という、いわば空間的な思考力の育成につながらない。正投影図であれ、等角図であれ、斜投影図であれ、すべて投影の原理によってすっきりと説明し、理解できるのである。本質的なことはシンプルでかつ分かりやすい。

こうした学びは知的興奮をともなうから、学習意欲に大きな影響を与える。生産現場において技術者は、新しい性能をどのように実現させるか、絶えず作図によって思考を深めていく。生徒たちも同様である。漫然と思いを巡らしていた段階から、製図学習の経験を経て、作図という新たな思考手段を得ることによって、空間概念や知的想像力が極めて豊かになっていく。一連の思考過程のなかでは直観力、いわゆる「ひらめき」といった能力をも養われ、それはやがてプロダクトデザイン力やマネジメント力の育成にもつながっていく。

第2節　製図学習の到達目標と指導計画

表1の内容を、地域や学校の状況に応じ取捨選択して実践されたい。

表1　製図学習の到達目標と指導計画

学習項目	到達目標	主な教材・教具	指導方針と教育効果
1）生産と技術 ①技術と文明 ②技術への期待 ③技術教育 ④製図学習	・技術の発達と文明の進歩について知る ・産業の最前線などから、これからの技術に期待されていることを知る ・技術科とはどのような教科かを知る ・3年間でどのような学習をするのか、授業にはどのように取り組めばよいのかを理解する ・工業生産の歴史と図面が果たした役割を知り、製図学習の意義を理解する ・製図学習によって、どのような力が身に付くのかを知る	・技術の進歩を知るにふさわしい過去の技術と現代の技術を象徴する具体例（作業機や運搬手段、交通などの図版や写真） ・加工工場やロボット産業など、産業の現場の様子がわかるDVDやプレゼン用の映像 ・技術科の各分野の代表的教材や生徒作品 ・生徒の興味を引くいろいろな工業製品の図面	原発事故に象徴されるように、優れた技術も運用を誤ると大きな災害を引き起こすが、その克服もまた技術の進歩に委ねられている。 　技術の最前線を知り、将来への期待を共有する。 　現代の生産システムのなかで図面はなくてはならないものであり、製図学習は技術教育全体を通じての基礎分野として、大きな役割を担っていることを理解する。 　製図学習の意義と目的が明確になると生徒は積極的になる。
2）平面図法 ①基本図形の作図 ②直線と円弧の接合 ③円弧と円弧の接合 ④厚みの薄い製品の製図	・正確な図をかくための製図用具の正しい使い方を身につける ・線分間の5等分や基本図形の作図ができるようになる ・厚みの薄い工業製品の1つの面をかくことができる	・板書用の大型コンパスや三角定規 ・直線と円弧、円弧と円弧をなめらかにつないだ模型（厚紙で作ったもので黒板や白板の掲示用） ・外パス、ガスケット、スパナなどの簡単な道具や部品	平面図法の作図を解くことによる思考訓練は、生徒の知的興奮を伴う。考える喜びや達成感が学習意欲を引き出す。 　工業製品の製図には、幾何学的思考を必要とすることが、作図によって認識できる。
3）正投影図法 ①投影法の原理 ②画面と投影図 ③第3角法	・投影図とは何かを知る ・画面と投影図の関係を理解する ・点、線、面、立体への投影の段階を踏んで、正投影図の原理や約束事を知る ・隠れている面の表し方を知る ・正投影図法の作図順序を理解する ・斜面を含む立体、円柱を含む立体の正投影図が正しくかける	・平行光線と画面と投影図の関係を示す模型 ・直角に交わる立画面と平画面の模型（第1角から第4角までがわかるもの） ・基本立体の模型 ・コンピュータソフト「立体グリグリ」等	・平行光線が垂直に当たって立体の影ができる「投影法」の考え方を理解させる。そして、立体の手前に透き通った画面を置き、垂直に当たった投射線により投影図ができる第3角法へと導く。 ・複雑な立体になればなるほど、正面図からの情報を平面図へ、両図からの情報を側面図へ伝えることで全体が導かれることを強調する。
4）製作図 ①製作図とは何か ②JISの製図通則 ③製作図をかく	・生産現場での図面の役割を知る ・正確な製作図のかき方を知る ・JISの製図通則を知る ・製作図を正しくかくことができる	・製作図の図例 ・機械製図、建築製図、電気製図など各分野の見本図面 ・JIS規格にもとづいた線の用法や製図記号を表にした掲示用のパネル等	製作図によって生徒たちは、初めて本格的な図面をかいたという実感を得る。それだけに丁寧に正確に仕上げるよう指導したい。 　ここでの経験は、生徒の学習姿勢全体に影響を与えるほど大きいものがある。

5）等角図法 ①単面投影 ②等角投影図 ③等角図 ④等角図法による作図	・1つの図で立体を分かりやすく表す方法を考える ・等角投影図を理解したうえで、等角図のかき方を知る ・等角図法によって簡単な立体をかくことができる ・斜面や円を含む立体の等角図がかける ・正投影図法で表された立体を等角図法でかくことができ、その逆もできる	・骨組みでできた立方体の模型 ・立方体の各面を表す正方形板（マグネットを貼った厚紙製のもの） ・等角投影図法と等角図法の違いが分かるパネル（立方体を両方の図法でかいたものを併記する） ・斜眼紙	正投影図において、立方体をどのように傾けたら、正面図だけで立方体と分かる図が得られるかを考えさせる。 単面投影図も投影の原理によって成り立っていることを理解させる。 等角図法の実践は、生徒の立体的思考力、空間概念の育成に著しい学習効果を果たす。
6）斜投影図法 ①斜投影図を知る ②斜投影図法による作図	・経験的に斜投影図的な図がすでにかけることを知る ・平行光線が斜めに画面に投射してできる図法であることを理解する ・斜投影図法によって立体を正しく作図できる	・「洛中洛外図屏風」などの古典に登場する斜投影図的な作品の資料 ・家具など実際の斜投影図法による製図作品 ・数種類の見本図面 ・斜投影図法を表す立体模型	経験的に知っていることなので、図の理解はしやすいが、平行光線と画面の関係を分かりやすく説明すること。 等角図法と斜投影図法の習得で、フリーハンドの描写力が際立って向上する。
7）展開図 ①展開図を知る ②立体の側辺の実長を求める ③展開図の作図	・これまでに展開図をかいた経験があれば、それを発表する ・どのようなときに展開図が必要になるかを知る ・円錐、多角錐の陵の実長を求めることができる ・立体の展開図を正しくかくことができる	・工業製品のパッケージの見本 ・板金加工の金属製品 ・円錐や角錐の陵の実長を求める作図方法を図解した掲示用のパネル	平面から立体に立ちあがる展開図の学習は、生徒の知的好奇心と創造力を育む。 生徒は、製品を包む段ボールや厚紙のケースが実に工夫された展開図からできていることに一様に驚く。 小さく畳んで、大きく広げる展開の手法が、宇宙工学などにも応用されていることを知らせたい。
8）断面図 ①断面図を知る ②断面図の種類 ③断面図とJIS規格 ④断面図の作図	・断面図とはどのようなものかが分かる ・全断面図、片側断面図、部分断面図が理解できる ・断面図をかくルールやかき方を知る ・機械部品の断面図を正しくかくことができる ・断面図で表された工業図面を、正しく読み取ることができる	・断面を示す模型 ・断面図を用いたいろいろな例示 ・断面図を含んだ工業図面のサンプル	ものの内部構造を知りたいとう生徒の興味と関心は高い。 エンジンのカットモデルや住宅の矩形図なども展示し、それに対応したい。 断面図の学習により、内部構造を表示する新たな手段を得て、生徒は加工学習や機械学習において、自ら断面図を用いるようになる。
9）機械部品の製図 ①ネジ ②ネジの略画法 ③ボルト・ナットの略画	・ネジの意義、種類、用途等を知る ・ネジの構造、各部品の名称を知る ・なぜ略画で表すかを理解する ・ネジの略画を正しくかくことができる ・略画法でかかれたネジの図を読み取ることができる	・ネジの標本 ・ボルト・ナットの見本	ネジなどは、実物のままで製図すると手数がかかり、複雑になってしまう。しかも製作する際には、工程のなかで自然と形成されて、作業者には必要のないものである。そこで、略画法によって簡潔で、しかも必要事項が分かるように表す。 歯車についても言及したい。

出所：[河野ほか編著 2011, 藤本ほか 2011]

第3節 指導の要点と教材・教具

1. 図形のコーナーの作図

　日常生活でよく使われる工業製品は、安全のためと機能性、デザイン等の配慮からコーナー（かど）が円弧により丸められていることが多い。その形状を描くには、直線と円弧、円弧と円弧をなめらかにつなぐ作図が必要となる。

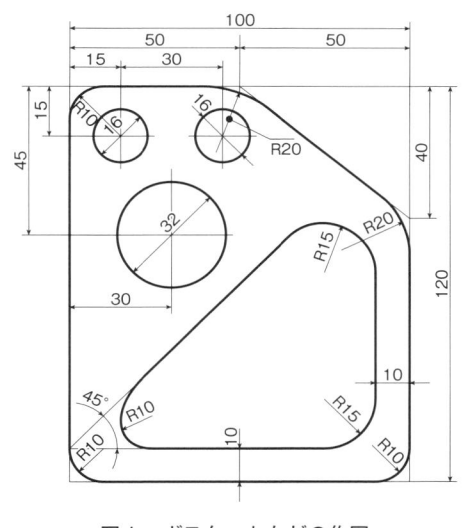

図1　ガスケットなどの作図　　　図2　コーナーを丸める作図

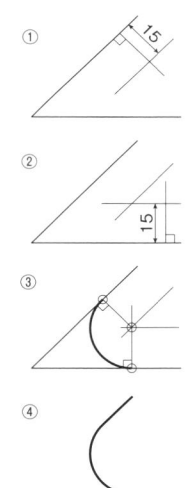

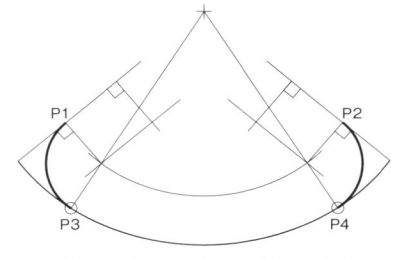

図3　円形ハンドルの内部の作図

図1の各コーナーは、大きさの異なる円弧で丸められている。このような場合は、円弧の中心を求めてから、各辺に垂線を下ろし、円弧と直線の接点を求める。作図の具体例を図2に示す。

　図3は、円弧と円弧を滑らかにつなぐための作図が示されている。コーナーを丸める円弧の中心を求めてから、各円の中心同士を結ぶことによって接点が求められる。

2. 投影の原理を示す

　正面図や平面図を説明するときに、安易に「真正面から見た図」「真上から見た図」とすると、生徒にとっては実際に立体を見た図とは異なり、違和感が生じるし、投影法の真の理解につながらない。例えば円柱や滑り台を正面から見たときに、対象物との距離によって正面図は必ずしも長方形にはならないからである。写真①の教具は、立体の後ろに影を写す画面、手前に透き通った画面を置き、ピアノ線によって投射線を表している。これにより第一角法と第三角法が瞬時に理解できる。写真②は、立画面と平画面を透明なアクリル板で作ってあるため、なぜ第三角法と称されるのかが理解されやすい。

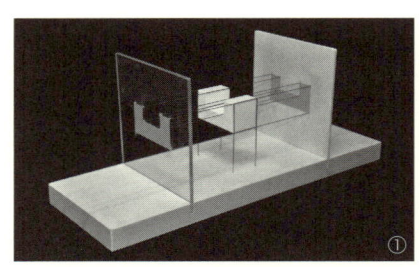

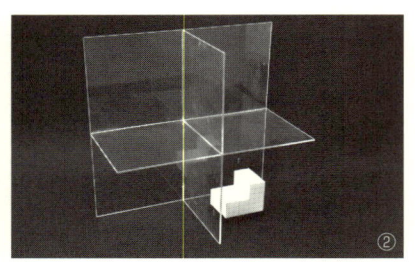

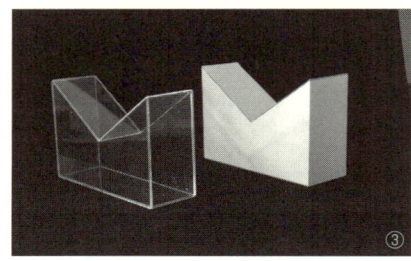

写真③は、かくれた面を理解するための立体模型である。左側のものは、透視できるようアクリル板で製作している。それぞれの画面には、立体のすべての面が表示されているが、隠れた面は破線で表すから、この場合、側面図には水平な破線が表示される。

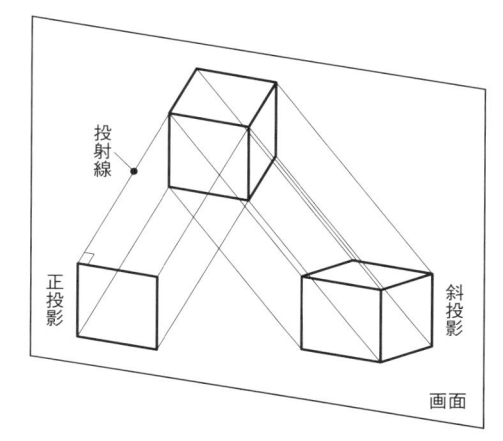

図4 正投影と斜投影を比較した図

図4は、正投影と斜投影を比較した教材である。斜投影の場合は、投射線が平行であることは変わりなく、画面に傾いていることから得られる図であることが理解し易い。正面の形がそのまま表れると同時に、上面と側面もそのままの形ではないが画面上に表れる。

教材には、民間教育研究団体である技術教育研究会が編集・発行している、製図学習に特化した授業用テキスト『改訂版 製図』と『製図【基礎編】』［技術教育研究会編2013］がある。系統的、科学的に編纂されており、生徒にとってわかり易く興味深い内容となっている［小峰2013, 住野2011］。

第4節 授業の展開例【等角図法】

到達目標：等角図を理解し、等角図法によって立体を表すことができる。

指導方針：正面図だけで、その立体を想像できるような図の表し方を考える。生徒同士の討論を経て、等角投影図から等角図へと導く。

平面図

正面図   側面図

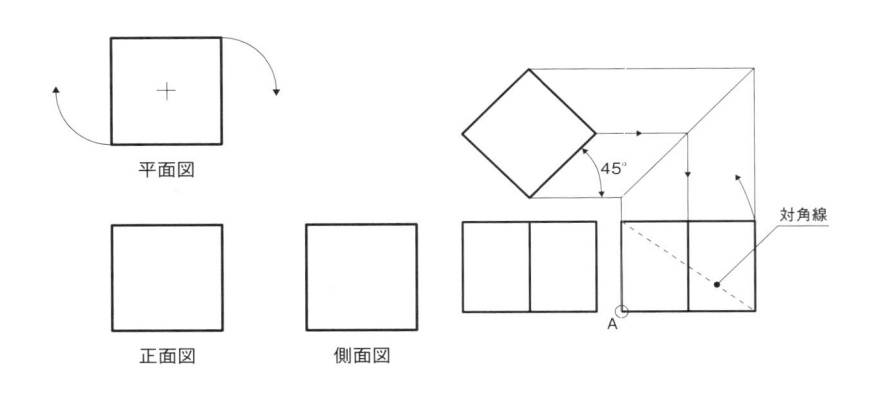

図5　正投影図（立方体）

45°

対角線

A

図6　平面図を45°回転

120°
120°　120°
30°　30°

対角線が水平

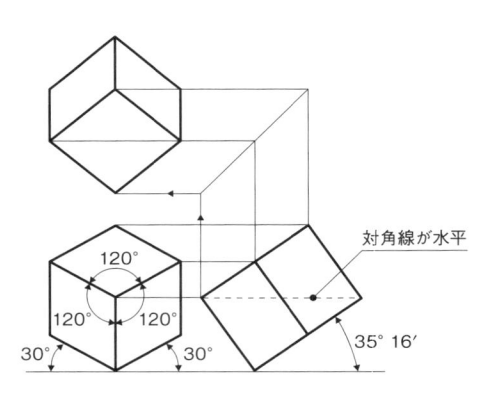

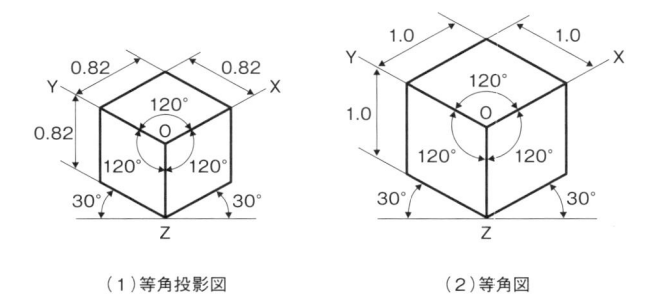

35°16′

0.82　0.82
120°
0.82　Y　　X
120°　120°
30°　30°
Z

(1) 等角投影図

1.0　1.0
Y　　　　X
120°
1.0　O
120°　120°
30°　30°
Z

(2) 等角図

図7　側面図を対角線が水平の位置となるまで回転（35°16′）

出所（図5～7）：［長谷川ほか編著 1983］をもとに作成

①立方体の正面図、平面図、側面図となる厚紙（裏面にマグネット貼付）を作り、黒板上のそれぞれを少し離した定位置に置く。
②正面図だけでは、立方体とは判断できないことを確認する（その理由を生徒に問う。立体の正面図が正方形となるものは、いろいろとある）。
③細い角材また針金でできた骨組みの大きな立方体を作り（または小さな透明の立方体を個人配布する）、黒板の投影図と同じ状態に置く。
④どのようにしたら、正面図が立方体だとわかるような図にできるか問う。
⑤骨組みの立方体を水平に45°回転させる。それに合わせて、黒板上の平面図を45°回転させる。正面図、側面図をそれに対応させる。
⑥骨組みの立方体を今度は垂直方向に回転させる。一番手前にある頂点と一番奥にある頂点とが一致するところで止める（約35°16′）。
⑦黒板上の側面図をそれに対応して回転させ、平面図と側面図から作図線をチョークで引き、正面図を描く。立方体らしいことを確認する。
⑧こうしてできた等角投影図（法）は、各辺の長さが約0.82倍になることから、実長で表す等角図（法）を用いることが一般的であることを、説明する。

おわりに

　1つの単元を学習して、生徒にこれほど顕著な変化が表れるのかと、驚かされるのが製図学習である。フリーハンドによる立体図の精度が向上したとか、複雑な読図ができるようになったというような、目に見える変化と共に、生徒の学習姿勢にも確実に変化が生じるようになる。
　1つには、どの課題にもじっくり考えて取り組むようになることである。時間をかけるだけでなく、多角度からものごとをとらえる柔軟性も身につける。2つには、きっちりとていねいに作業をするようになったことを、生徒自身が自覚していて、このことは他の教科の学習にも影響を与えている。3つには、投影の原理を学び、JISの規格に則った図面がかけたということなどから、世の中に通用するものが、自分なりにできたという満足

感や自信が得られることである。

　分かりやすく興味深い製図学習がいかに生徒の多様な学力を伸ばしているかを肝に銘じて、可能な限り製図学習の時間数を確保したいものである。

参考文献

小峯龍男『「製図」のキホン——見ながら理解する！　ものづくりのための「機械製図」のルール』（イチバンやさしい理工系）ソフトバンククリエイティブ、2013年

河野義顕、大谷良光、田中喜美編著『技術科の授業を創る——学力への挑戦』（改訂版）学文社、2011年

住野和男『わかりやすい図学と製図』オーム社、2011年

藤本元ほか『図面のポイントがわかる実践！　機械製図』（第2版）森北出版、2011年

長谷川淳、原正敏、河野義顕編著『たのしくできる中学校技術科の授業』あゆみ出版、1983年

P. J. ブッカー（原正敏訳）『製図の歴史』みすず書房、1967年

好奇心は限りなく

　製図の各図法を習得すると、生徒は必要に応じてそれらを使い分けることができるようになる。さらに、等角図については、斜面を含む立体や円弧を含む立体についての習得も必要となる。これも直方体で囲むところのいわゆる「箱詰め法」で作図できるのだが、下記のようにヒントを与えることで生徒の要望に応えたい。これによって生徒の作図意欲や好奇心はいっそう強くなり、工業製品の驚くべきリアルな等角図を作図する。

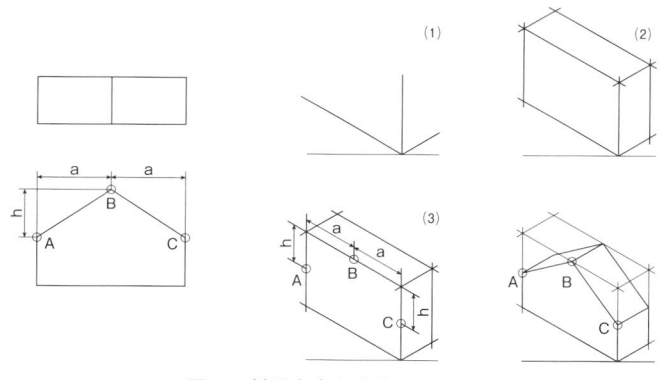

図1　斜面を含む立体のかき方

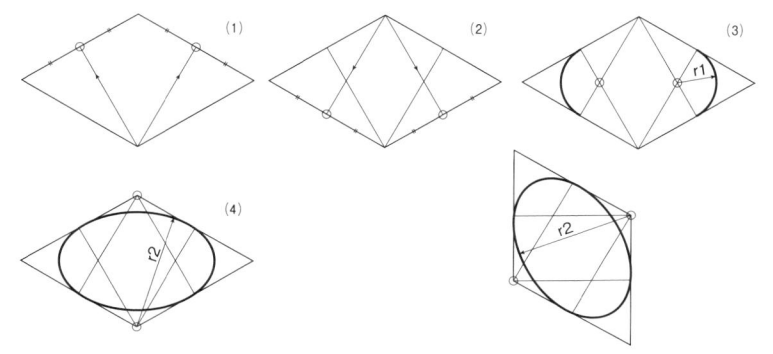

図2　だ円（近似）のかき方

第8章

材料と加工の技術に関する授業

はじめに

　社会的なものづくり（生産）においてかなめとなる道具や機械などの生産技術のうちの代表的なもの、あるいは基幹となる技術を子どもたちが実際に体験することは重要な教育的意味をもつ。それは、端的にいえば、子どもたちは自らの能力を総動員させなければ道具や機械を的確に使用して思い通りに材料を加工し、計画したものを製作することができないからである［斉藤ほか編著 2009:128-130］。

　技術科を含む学校教育における、こうした生産技術等の実際的な体験の機会を実習と称している。実習は、子どもたちにとって全身の諸器官を動員して立ち向かわなければならない学びの場である。

第1節 なぜ「材料と加工の技術」に関する学びが不可欠なのか

材料を加工して有用なものを作るという人類固有の活動は、自らの生活環境を変えながら人類自身を進化させ、現代の文化を創造するに至った。とくに、現代の日本において、子どもたちに、材料を加工してものを作ることに関する文化を理解させ、実行する機会をあたえることは技術科における重要な教育課題として以下に述べる3つの意味をもつ。

1. 生産技術についての科学的認識を実感豊かに育む

子どもたちは、実習を通して技術に関する専門的な知識と技能を実体験することによって、ものを作る際に必要となる多様な分野の科学的知識を理解することの必要性を実感する。同時に、これらを身体的活動とともに動員し、科学的知識が単独にではなく、相互に関連づけられることによってはじめて製作が可能になることを学ぶことができる。

自然界での遊びをはじめ、製作体験の機会が乏しい現代の子どもたちにとって、学校での学びは自らの経験から切り離された、実感がともなわない情報知の領域にとどまっている場合が少なくない。子どもたちは、材料の性質や製作に適した道具・機械の原理や構造、機能等について学ぶとともに、てこの原理、力の大きさと方向および伝達、摩擦、くさびなど、自然科学や技術科学のさまざまな事象が製作や生産の場にあることを実感する。

また、道具から機械へ、さらにはコンピュータ制御オートメーションへという、労働手段の発展の歴史に結びつけた指導をすることは、生徒の生産技術への理解を深めることになる。

2. 「不器用」に悩む子どもたちのための教育的な技能指導

　材料を加工するには、道具に関する知識とそれを使用する人間の技能が必要である。子どもたちは、目的とした加工が可能となる技能を身につけることにより、材料に新たな価値を付与することができることを知る。

　技術科における技能の指導は、目的とした物品製作上の必要性の範囲内で行われることが多いけれども、げんのうをはじめ、のこぎりや鉋（かんな）などの基本的な道具についてはできるだけ時間を割いて、道具の持つ機能と適切な使用法を改めて指導し、一定の段階的な使用練習をさせてから本作業に取り組ませたい。

　ものづくりの経験が乏しい子どもたちにとって、道具や材料の取り扱いに関する不器用意識は想像以上に強い。現代の子どもたちに広く深く浸透しているこの不器用意識は、道具の初歩的な使用練習をはじめとする基本的な技能指導を軽視するところから生じるといってよい。

　技術科での技能指導は、直接的には、所用の材料と製作用具を正しく取り扱うことができる力量形成をめざすものである。このとき、教師は、技能形成の方法や達成度のほか、子どもたちが技能を獲得する過程における意識の変容にも注目したい。

　たとえば、基本的な技能習得練習を通して、子どもたちは、指先の神経を働かせ、材料や道具からの反応を感じとろうとするとともに、自身の筋骨系を微妙に制御し、目的の作業や動作を行うことに新鮮な喜びを感じる。このような身体の使い方をしてこなかった子どもたちは、友だち同士で技能の向上を確かめあい、教師が求める技能水準より高い到達目標を独自にたてて獲得しつつある技能を競いあうようになる。

　この段階に至ると、子どもたちは、材料に働きかける道具を扱う技能の上達それ自体が喜びとなり、製作への意欲をたかめる。また、子どもたちの間にあらたなコミュニケーションがうまれ、友だちをみる目が変わり、自分を再発見することにもなる。こうした子ども同士の積極的な関係のなかで身につけた技能は、製作物の完成とは異質の達成感や自分たちを信じ

る力（セルフ・リライアンス）を育むことになる。子どもたちが技能を身につけることは、それ自体に意義があるばかりでなく、子どもたち自身の精神面での発達を促すことでもある［西平 1993:210-215］。

【授業に対する生徒の感想】

　私は、穴をあける位置を測ったり、まっすぐ線を引くのでさえ苦手で道具をうまく使いこなせませんでした。なので、あまり技術が好きではなく、すごく苦手意識をもっていましたが、回数をこなしていくうちに気づくことがたくさんあり、どうやって道具を使ったらうまくできるか、どうすれば正確に作れるかなどがわかってきて、だんだん作ることが楽しくなり、苦手意識もいつの間にかなくなっていました。

　もちろん、今でも難しいところでは戸惑うことも多くあります。でも、周りの友だちやクラスメイトが助けてくれたり、聞くと気軽に教えてくれて、いろいろな人のやさしさを改めて実感することができました。

3. 技術と労働を評価するちからの形成

　「材料と加工の技術」を教えることは、近い将来に市民生活に入る子どもたちに、現代社会の技術とこれを担う労働を評価する手がかりをあたえることになる。

　私たちの社会は、人々の労働によって生産された多種多様な製品（商品）に支えられている。一般の消費財ばかりでなく、消費財を生産するための材料や技術も多くの場合商品として供給されている。それゆえ、技術や労働を適切に評価するちからは、子どもたちの将来の進路にかかわらず、1人の人間として欠かすことのできない資質である。

　このちからは、技術に関する科学的認識と獲得した技能が、その延長上にある実際の生産の場でどのような位置にあり、何が課題なのかを子どもたちが生産労働に携わる人々と共有することによって形成される。また、生産にかかわる技術・労働を適切に評価するちからをもつことは、人は平

和で持続可能な社会のなかで人間らしく生き、幸福を追求する権利をもつという、基本的人権の行使につながる。

こうした原理を踏まえるならば、単元「材料と加工の技術」における技術・労働の評価に際しては、生産から廃棄までの全過程を見通せる環境的観点、自主・民主・公開の原則にもとづく技術・労働の社会的規制の観点、基本的人権としての生存権の観点が明らかになる。

技術科の授業でものを作る知識と技能を獲得した子どもたちは、さらにその水準と発達段階に応じて技術にたいする考えを形成し、社会的生産と廃棄、資源や環境問題にも視野をひろげることが可能になる［河野ほか編著 2011:287-303, 斉藤ほか編著 2009:243-254］。同時に「材料と加工の技術」の学習は、生産の自動制御をはじめ、エネルギー学習や生物育成などの学習内容とも密接な関係をもつゆえに、生産技術の学習の出発点として位置づくことになる。

第2節　単元「材料と加工の技術」の内容の構成

本節では、単元「技術と材料の加工」に関する教育課程を編成する際に有用な、内容面でのいくつかの骨格を概括的に整理する。

1. 教育内容

（1）材料の種類と性質

各種材料に対する基本的知識を身につけさせたうえで、実際に加工する材料についてとくに指導する。
　①材料の種類：無機材料、有機材料、複合材料（合板・繊維強化プラスチック）
　②材料の性質：切削性、溶融性、塑性、弾性

（2）工 具

使用目的と機能する原理、材質と構造の合理性、使用法を指導する。
① 測 定 器：さしがね、鋼製直尺、直角定規、ノギス、マイクロメータ、各種ゲージ
②けがき工具：けがき針、センタ・ポンチ、墨壺
③切 削 工 具：ドリル、タップ、ダイス、たがね、やすり、かんな、のこぎり、きり、のみ
④接合工具と接合材：ドライバー・レンチ・スパナとねじや木ねじ、げんのうと釘、ハンマーとリベット、接着剤

（3）加工法・製作法

材料固有の性質に対応していることを指導する。
①切削加工　　　　④鍛造
②塑性加工　　　　⑤熱処理
③鋳造　　　　　　⑥射出成形

2. 到達目標（科学的認識、技能、技術・労働観）

（1）科学的認識（知ること）

①材料の種類と用途
②材料の性質と加工法
③材料と構造の強さ・特性
④材料と環境問題

（2）技能（できること）

①工具の安全な使用法
②工作機械の操作法（卓上ボール盤等）

③測定器の使用法（さしがね、ノギス、マイクロメータ、各種ゲージ）
④工具の維持・管理（刃物の研磨、工具の収納）

（3）技術・労働観（考えをもつこと）

①人々のいのちと暮らしは、地球の資源をもとにした人間のさまざまな生産労働によって支えられている。
②生産労働は、人類が蓄積してきた技術・労働に関する科学的認識と生産技術的能力に依拠して営まれている。
③技術・労働に関する科学的認識と生産技術的能力は、個々人の内に育まれるのみならず、人々の協同によって向上する社会的存在である。
④生産されたものの価値には、使用上の価値ばかりでなく、人々の生産労働の価値が含まれている。

第3節 教材と教育方法

1. 教材選定の視点

①何を教えるための製作課題か
②現実の生産過程を反映しているか
③生徒の「技術の学力」の発達に寄与するか
④生徒にどのような技能を獲得させるのか

2. 製作課題選定の留意点

①何を教えることができて、何を教えることができないか判断できていること
②製作できる教育条件があるか
③製作期間は適切か

④生徒、保護者が納得できる製作課題であるか
⑤材料費（私費負担）は妥当な金額か

3. 指導上の留意点

①毎時の目標・到達点を明示する
②遅進生徒への対応に留意する
③生徒用の製作マニュアルを作成する
④製作工程進度表に記録させる
⑤随時試作をして、とくに指導すべき要点を把握する

4. 作業環境の整備

①安全で適切な作業環境を保持する
②木工万力を生徒1人あたり1台設置すること
③切削工具を使用する場合、教師側では工具の保守管理を確実に行い、本来の機能を発揮するものに保つこと
④生徒自身による材料管理のために、保管する容器等を準備すること
⑤予備の材料を十分に確保すること

5. 代表的な授業——げんのうの授業

（1）授業の位置づけ

　げんのうは、釘を打つ道具として最も身近である。しかし、だからといって、子どもたちはげんのうを適切に使用できるとは限らない。
　2008年公示の「小学校学習指導要領」によれば、図画工作科では3年生と4年生で小刀、のこぎり、金づちを用い、適切に扱うことができるようにすることが明記されたが、基本的な工具の原理と使用法は技術課の授業

として改めて指導する必要がある。特に、組み立て段階での接合の失敗は作品の完成度の低下とともに子どもたちの挫折感に直結するので、釘を打つという容易と思われる作業であっても練習を軽視すべきではない。

（2）指導のねらい

① げんのうの構造と両面の適切な使い分けについて知らせる
② 腕の振り方や手首の使い方を知らせる
③ 釘を曲げずに打つための要点を知らせる
④ 釘を打つことに自信をもたせる
⑤ 道具使用の際の安全について意識させる

（3）教材準備

① 450ｇのげんのうとさしがね
② 3寸角600mmの柱材に18mm厚の合板をのせた釘打ち練習材
③ 65mmの釘4kg（1箱：6学級分）

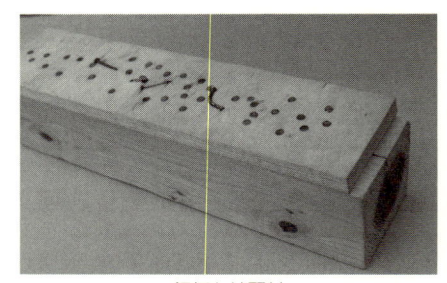

釘打ち練習材

（4）実際の授業展開

※ Ｔは教師、Ｐは生徒を表す。

Ｔ：（450ｇのげんのうを見せて）これは何という道具ですか？
Ｐ：とんかち、かなづち……。
Ｔ：両方とも釘が打てるものをかなづち、または、げんのうといいます。
Ｔ：誰か、この柱材にげんのうで釘を打ってみたい人は、いますか？
Ｐ：（……苦戦しながらも釘を打つ……）
Ｔ：ありがとう。Ａ君。ところで、今、げんのうのどっちの面で打った？
Ｐ：？？？

T：ほんとはね、初めの頃は、こっちの面で打って、あと2〜3発で打ち終わりというときにはこっちの面で打つんだよ。（……平面と凸面とを交互にさわりながら……）はじめはこっち、終わりはこっち。

P：？？（……教師の動作の意味がわからない……）

T：げんのうのこの面をさわってごらん。（P：平面と凸面に気づく）

T：打ち始めと終わりでは、使う面が違います。打ち始めは？

P：○△

T：打ち終わりは？

P：○△

T：最後まで平面で打っていると板に傷がついてしまうので、最後は丸みのある面で打つことにより、釘の頭にだけげんのうを当てて木を傷つけないようにします。だから、釘を打つときには釘の頭の中心にげんのうの凸面の中心が当たるようにします。

T：そこでパート2。打っていて、釘が曲がることがあるよね。なぜかな？

P：○△？？

T：そう、横から叩いているからだね。（中心を外して打ってみせる）自分では気づいてなくても、ときどき横から打ってしまうから曲がる。でも、どうして横から打ってしまうんだと思う？

P：○△？？

T：集中力の問題？　それもあるかもしれないけど、もっとはっきりした理由がある。それは、げんのうの柄をしっかり握ること。握って固まらなくてもいいけど、「フツーに持ってます」ぐらいだと振り下ろしている間にげんのうの頭がよそ見をしてしまい、正確に釘とげんのうの中心が当たらないことがあります。しっかり握って、気持ちを集中して打てば曲がりません。

T：それじゃ、やってみよう。1人2本なので8本、各グループから釘をとりにきてください。1人1本ずつ順に打って2周します。はじめにさしがねで測って15mmまで打って、残り50mmを何回で打てるかやってみよう。15mm打っておけば、釘が跳ねて飛んでくる心配ははありません。一度に2人が打つと危ないので必ず1人ずつやること。あとの3人は、打っている人

が何回で打てるか数えてください。釘に当たらなかったり、曲がった釘を直すのもカウントのうちです。それから、げんのうがまっすぐ当たっているかもみて、おかしかったら教えてあげよう。2周り終わったら着席です。始め！

T：着席！　どうだった？　何回で打てた？
P：(50回以内、40回以内、30回以内、20回以内と、順に挙手)
T：そこでパート3。どうしたら20回以下になると思う？
P：○△？？
T：強く叩けば釘は深く沈んでくれるよね。強く叩くということは？
P：思いっきり叩く……？？
T：そう、げんのうのスピードが速くなればいい。スピードが2倍になると衝撃は4倍です。でも、げんのうは、どうすれば速くなる？
P：力を入れる？？
T：力を入れるのだけど、その前に、みんな、げんのうの柄のどこを握ってた？　60回の人なんかは真ん中より短く持ってなかった？　げんのうの柄は、長く持ちましょう。そのために長くついているんだから。でも、長く持つとどうして速くなるの？
P：○△？？
T：たとえば、同じ中心をもつ大小の円弧上の2つの点が1秒で1回転するとしたら大きい円の点のほうが小さい円より円周が長いから速くまわるのと同じです。だから長く持った方がスピードが速くなる。
T：さらにスピードを速くして打撃力を大きくするにはどうすればいい？
P：？？
T：これは、難しい……か。そこでヒントは、教科書の図。手首と親指の関節を示す青○があるよね。振り下ろす前と釘に当たったところでは2つの青○を結ぶ線の角度が変わってる。つまり、げんのうの頭が釘にぶつかる直前に手首も「コキッ」とまわす。
P：コキッ？？？

T：なぜ「コキッ」とまわすのでしょう。げんのうの柄の4分の1回転運動の終わり直前に、手首も少し回してげんのうの頭のスピードアップをしているというわけ。回転運動の最中にミニ回転運動をつくる。これで衝撃力はさらに強くなる。そこで、釘を打つときには、げんのうの柄じり近くをしっかり握ってスピードをつけて、釘に当たる直前に手首を「コキッ」とさせて打つということになる。これと同じ動作をしているスポーツがあるけどなんだと思う？

P：？？

T：バレーボールのスパイクはまさにこれ。腕を大きく振って手首がボールに当たるときに「コキッ」なんてかわいいもんじゃなく、手首のスナップをきかせて「バシッ」とやる。これがあるからスパイクが強力になる。それじゃ、やってみよう。釘は15mm沈めてあるので外したとしても釘は跳ねてこないから安心してスピードをつけていい。腕の力は抜いて、げんのうをしっかり握ること。これを忘れると釘を横から叩いてしまう。

T：やってみるよ。（5回で打ってみせる）50mmを5回で沈めたから1回平均10mmだね。なんか、打つたびに「ビン、ビン」と、釘が沈む手応えがある。ただ、マネはしないこと。「先生が5回なら俺は3回だ」などと無茶をするととても危険です。目標は10回。

T：さあ、やってみよう。1人1本ずつで5周。全員が終わったら着席。

6. 環境への配慮──環境保全・資源の有効利用・廃棄

近代以降の人類の生産活動は、本来の地球の自然環境を持続することが困難なほどに拡大と高度化を続けてきた。その結果、人口の増大、資源消費の拡大、貧困問題の深化を進め、同時にこれらもまた相互に関連しあい、人類社会と地球の自然環境の両側面をもつ問題として解決を困難にしている。とくに生産技術の資本主義的充用は、地球に限りない材料供給を要求し、環境の保全を顧みない資源略奪を進めるとともに、加工工程においても大気、土壌、河川、海洋を汚染し、地球上の生物の生存を脅かしてきた。

教室には、こうした地球の危機的問題のために、技術の発展は否定すべきと考える子どもたちもいる。しかし、自動車の排気ガス規制や工場からの排煙・排水規制を達成できたのも技術の発展によるのであり、資本の側に抗して政府に諸規制を実現させるちからとなったのは主権者である国民の運動であった。技術は自然科学と社会科学の両面をもつこと、したがって技術の発展と利用の主体は国民であることを子どもたちに教えたい。資源の採取と利用および廃棄を自然と人間との間で調和的に進めようとする市民感覚の浸透と拡大は、国民の生存権に裏打ちされた持続可能な社会を構築するうえでの必須の要件だからである。

おわりに

　子どもたちの、「最後まで完成できるだろうか」「自分は不器用」などの負の意識を「自分にもできる」と変えるのは技術科の役割であり、技術科の授業の醍醐味である。この過程を持続させるエネルギーは、子どもたちの「きちんと作りたい」という願いであり、これを支援する教師には周到な準備が求められる。しかし、完成させて終わりなのではない。問われているのは、子どもたちに身についたものと、ものを作ることによって成り立っている社会を支える技術や労働をみる目を子どもたちはどう変えたのかということである。

参考文献

河野義顕、大谷良光、田中喜美編著『技術科の授業を創る――学力への挑戦』（改訂版）学文社、2011年
斉藤武雄ほか編著『ノンキャリア教育としての職業指導』学文社、2009年
西平直『エリクソンの人間学』東京大学出版会、1993年

第9章

エネルギーの技術に関する授業

はじめに

　単元「エネルギーの技術」は、2008年の文部科学省「中学校学習指導要領解説 技術・家庭編」(以下、指導要領と略記) に示された「B エネルギー変換に関する技術」が直接に関連する単元となる。これは、かつて技術科の「領域」としておかれていた「機械」「電気」の学習内容・方法と強く関連しているが、単元が「機械」「電気」など産業分野的に区分されていた頃にはなかった新たな教育内容・指導方法も加えられている。本章では指導要領による「B エネルギー変換に関する技術」の内容・方法を基本的にふまえつつ、普通教育としての技術教育の観点からみて、この単元の克服すべき課題やめざすべき方向性について解説・提案したい。

第1節 「エネルギーの技術」の教育目的と実践の課題

指導要領では、「B エネルギー変換に関する技術」の指導内容として、大きくは下記の2つの項目が示されている。
　(1) エネルギー変換機器の仕組みと保守点検
　(2) エネルギー変換に関する技術を利用した製作品の設計・製作

このうち、後者の指導事項とされている「ア 製作品に必要な機能と構造を選択し、設計ができること」および「イ 製作品の組立て・調整や電気回路の配線・点検ができること」に留意したい。これは、エネルギー変換機能を含む具体的な製作品等を設計・製作する過程で、エネルギー変換に関する諸々の知識および技能を習得させるプロジェクト学習による指導を意図している。しかし、この単元の指導おいて「製作品の設計・製作」を主な指導方法と捉えるべきかについては論議が必要と思われる。

「A 材料と加工に関する技術」や「C 生物育成に関する技術」では、それぞれ「加工」「育成」がキーワードになっているため、製作品や作物等の製作・育成過程において、知識や生産的な技能を身につけさせるプロジェクト学習による指導は有効と考えることもできる。

その一方、「B エネルギー変換に関する技術」で最も重視されるべきものは、エネルギーやエネルギー変換に関する基本的な概念（たとえば「効率」「損失」「負荷」等）を生徒に形成させること、エネルギー変換の仕組み（基本的な「回路」「機構」等）を理解させることであろう。これには、実際のエネルギー変換機（電気機器、機械）を教材とした調査・実験・操作・観察等の「多様な学習指導」が手立てとされるべきである。指導要領にも、このような多様な手立てにより「科学的な根拠に基づいた指導」を行うべきことが示されている。

もちろん、B(2)に示される「エネルギー変換に関する技術を利用した製作品の設計・製作」は必修であり、生産技能を習得させる場としても大切にすべきである。一方で「設計・製作」にはかなりの時間を要するので、

指導要領の「指導計画の作成と内容の取扱い」に示唆された次の事項を考慮して教材を設定したい。すなわち、「(2)エネルギー変換に関する技術を利用した製作品の設計・製作を履修する場合、(3)材料と加工に関する技術を利用した製作品の設計・製作（中略）との関連を図り題材を設定する」ことである。後述の第4節では、これを考慮した実践例を紹介したい。

第2節　「エネルギーの技術」の小単元構成と到達目標

　先に述べたように、単元「エネルギー変換の技術」は、実際のエネルギー変換機（電気機器、機械）を教材とした小単元から構成されるべきである。ただ、個々の小単元がそれぞれの変換機の仕組みと保守点検、製作品の設計・製作で構成・並列されているだけでは「エネルギーの技術」の本質・全容は見えてこない。
　「エネルギーの技術」は、施設・設備が個々の機器等と相互に関連し、全体で機能する「システム」として捉えることが重要である。これを念頭に以下の5つの小単元を提案し、それぞれの到達目標、指導の要点を順に説明したい。

小単元①：発電・送電と電力システム

　この小単元では、今日のエネルギーの主役が電力（電気エネルギー）であり、この電力が発電（他のエネルギーからの変換）・送電（送電線・変圧器等を介した伝達）を経て、社会や家庭で利用（電気機器等による他のエネルギーへの再変換）されている現状・課題をつかませることを到達目標とする。
　ここでは、まず、発電方式には色々な種類があり、建設費やランニングコスト、設置場所の条件などに応じて複数の方式が使い分けられている現状を知らせる。次に、各発電方式の基本原理をもとにそれぞれ長所・短所を把握させる。ここでは、発電原理そのものへの深入りは避けたいが、風力・水力・火力・原子力発電は、各々が用いるエネルギーを動力に変換し

て発電機を回していること（この点で共通であること）は押さえたい。また、発電・送電・利用の過程で電力が損失することについてもふれたい。

小単元②：電気機器の仕組みと保守点検

　この小単元では、社会や家庭で、電力が求められる形のエネルギーに変換されている仕組みを、具体的な電気機器を教材として指導する。また、機器の仕組みと関連させて、これらを安全かつ永く活用するための保守点検方法を知らせる。これにより、電気機器を使用目的に応じて適切に評価し活用できるようにすることを到達目標とする。

　ここでは、電力を「光（照明、信号など）」「熱（冷暖房、電気ポット・コンロなど）」「動力（電動機）」に変換する機器があること、同じ目的（たとえば「光」に変える）の機器でも種類によって特性が異なり長所・短所があること、また変換過程でエネルギーの損失があり、機器により損失（効率）にかなりの違いがあることを知らせたい。なお、後述の第３節では、この小単元に関連したエネルギー変換の損失を直感的に捉えさせる実践例、および機器の効率（熱効率）を測定し比較させる実践例を紹介する。

小単元③：機械の仕組みと保守点検

　この小単元では、「電気機器」と「機械」を区別できるよう、機械が「動力の供給を受け、伝達し、目的とする有用な機械的仕事を行う」[技術教育分科会編2009]ものであること、また「原動機（部）、伝達機構（部）、作業機（部）から構成され、各部は少なくとも２要素以上の結合要素で成り立っている」[河野ほか編著2011]ことを、具体的な機械を教材として捉えさせる。また、具体的な原動機（電動機については小単元②で取り扱い、ここでは取りあげない）の種類と仕組み、伝達機構や作業機を構成する代表的な変換機構の仕組みを知らせる。さらに、機械の仕組みと関連させ、これらを安全かつ永く活用するための保守点検方法を知らせる。これにより、機械を使用目的に応じて適切に評価し活用できるようにすることを到達目標とする。

　ここでは、原動機として「風車・水車・熱機関」を、変換機構として

「歯車・摩擦車・リンク装置・カム装置」などを教材として取りあげる。とくに歯車・リンク装置については、機械には欠かせない代表的な変換機構であるため是非とも取りあげたい。なお、機械も動力変換の過程でエネルギーの損失があり、これを減らすため、たとえば潤滑等が重要であることを機械の保守点検と関連させて指導したい。

小単元④：エネルギー変換機の設計・製作

　この小単元では、エネルギー変換の仕組みを内部に含む電気機器または機械の設計・製作をプロジェクト学習によって指導する。プロジェクト学習は、選ばれた教材の如何によって、生徒が習得する（エネルギー変換に関する）知識・技能が異なってくるため、「何を教材とするか」が十分吟味される必要がある。

　ここでは、生徒の作業が「はんだづけ」や「組み立て」のみに終始し、その過程での知識の習得が明確でないパッケージ化された教材はできるだけ避けたい。また、エネルギーの伝達のみで、変換の仕組みを含まない、たとえば「テーブルタップ」のような教材もできれば避けるべきである。なお、第1節で述べたように「材料と加工に関する技術を利用した製作品の設計・製作（中略）との関連を図り題材を設定する」ことをできるだけ考慮して教材を設定したい。

　このような条件が十分に吟味された教材を設定し、その設計・製作過程で教材に含まれる知識・技能を習得することがこの小単元の到達目標となる。

小単元⑤：エネルギー変換の技術と環境との関連

　エネルギー変換技術の源となるエネルギーは、何れも地球内外の自然界から入手しなければならない。熱力学第1法則により、エネルギー変換前後のエネルギー総量は変わらないが、電気機器・機械では、変換によって得たい「有用な仕事」とは別に「無用な仕事＝損失（熱）」が発生し自然界に拡散してしまう。また、化石燃料や核燃料など、エネルギーを取り出すことで有害な副産物・ゴミが発生する場合も少なくない。

このような「問題」は、ある意味エネルギー変換の技術の避けがたい必然ともいえる。技術の開発・改良によって、少しでも「問題」を低減する努力が続けられてはいるが、すぐに解決できるものばかりではない。

エネルギー変換技術に限らず、技術を利用する場面では「環境との折り合いをつける（トレード・オフ）」ことが常に求められる。このことは、生徒にとってはやや難しく、重い課題とも思われるが、決して避けては通れない。

すなわち、自らの欲求に従うばかりでなく、環境への影響を含めた広い視点からエネルギー変換の技術を適切に評価できる力（技術観）、そして適切に行動できる態度を涵養することがこの小単元の到達目標となる。

第3節 「エネルギーの技術」の具体的な教材と指導法

第1節でも述べたように、「B エネルギー変換に関する技術」の学習では、実際の電気機器・機械を教材として、実験・操作・観察など、多様な手立てを用いた指導が工夫されるべきである。ここではこの考えにもとづく実践例を2つ紹介したい。

まず、実践例1として、「手回し発電機による損失実験」を紹介する。図1に示すように、「手回し発電機」2台を接続して、片方を発電機、片

実験説明：この「手回し発電機」は人間の手でハンドルを回して電気を発生させるものですが、逆に電気が供給されれば「モーター」となります。
◆「『手回し発電機』で豆電球を点灯させる」　◆「電池で『手回し発電機』を回す」
【発問】この「手回し発電機」2台を接続して、片方を手で回した場合、どのようなことが起こるでしょうか？
　◆「右図の実験を行い、被動機の回転数が減っていることを示す」
【発問】手で回した方の「手回し発電機」の回転数に比べ、回された方の（ハンドルの）回転数が減っているのはなぜでしょうか？
　→予測回答「電気エネルギーがどこかで逃げてしまっている」

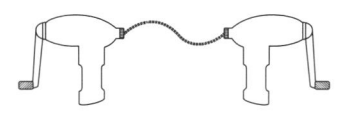

図1　手回し発電機による損失実験の手順

出所：著者作成

方をモーターとして機能させると、発電機側の回した回転数に比べ、モーター側の回転数は減少する。これを生徒自身に行わせ、視覚的に観察させることで「減少した理由」（エネルギー変換における損失の必然的な存在）を生徒自らに気づかせることができる。

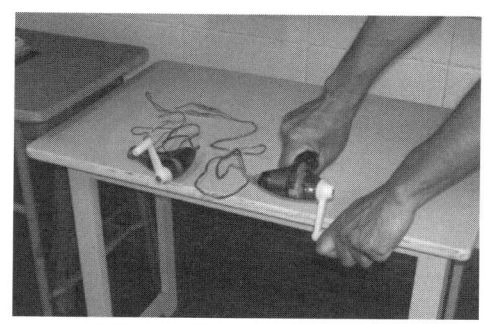

①手回し発電機による損失実験の様子

さらにモーター側のハンドルを手で押さえていると、発電機側を回す際「ハンドルが重くなる」ことを体感することができ、「負荷」の概念形成が期待できる。写真①に、実際に手回し発電機を接続して実践している様

調べること お湯を沸かす時、電気コンロ と 電気ポット の、どちらが得なんだろう？

つまり、どちらを使った方が電気代が安く済むんだろう？

これを調べるには、使われた電気のうちどれくらい（何％）が水の温度を上げるのに有効に使われたかを調べればよい！これを表す値が ＜熱効率＞である。

熱効率の計算方法 まず、電気（電流）と発熱との関係を表す＜ジュールの法則＞は、
$Q = 0.24 \times E \times I \times t \cdots$ ①式
Q：熱量(cal)、E：電圧、I：電流、t：時間(秒)
但し、E×I＝P：電力(W)に置き換えられる。

次に、水が得た熱量は、水の質量をm(g)、水の温度変化をT(℃)とすると…
Q（水が得た熱量）＝ 1 (cal) × m × T ··②式

熱効率 ＝ $\dfrac{水が得た熱量（②式）}{電気コンロ・ポットが発生した熱量（①式）} \times 100$

$= \dfrac{m (g) \times T (℃)}{0.24 \times P (W) \times t (秒)} \times 100 (\%)$

となる。

実験方法・条件（測定するもの）
◇電気コンロ・ポットの消費電力
　→「電力計」で測定！
◇水（お湯）の温度
Ⅰ．ヤカンと電気ポットに、それぞれ水＜500cc(500g)＞を入れ、温度を測る。
Ⅱ．電気コンロ・ポットのスイッチをオンにし、〈5分（300秒）〉後にスイッチをオフにし、お湯をよくかき混ぜて温度を測る。
（SWオン時の電力記録を忘れずに！）

実験の結果 測定値や計算結果を表に記入しよう！

	電気コンロ	電気ポット
初めの温度：T₁ (℃)		
温めた後の温度：T₂ (℃)		
上がった温度：(T₂－T₁)(℃)		
電力：P (W)		
電気コンロ・ポットが発生した熱量① (cal)		
水が得た熱量② (cal)		
熱効率 (％)		

図2　電気コンロと電気ポットの熱効率測定実験

出所：著者作成

子を示す。

次に実践例2として、「熱効率測定実験」[有川 1993] を紹介する。

図2に示すように、この実践はお湯を沸かす場合の電気コンロと電気ポットの熱効率を予測させた後、実際に実験によって算出させるものである。実験では電気コンロ（やかん）と電気ポットで500ccの水を5分（300秒）間加熱する（写真②）。この5分間で水温が何度上昇したか（$T_1 - T_2$）を測定させる。なお、電気コンロと電気ポットの消費電力は入力側に挿入した電力計で直接測定させる。これらの実験結果をまとめたものが表1である。

この実践で生徒に達成させたい主眼（目標）は次の2点である。

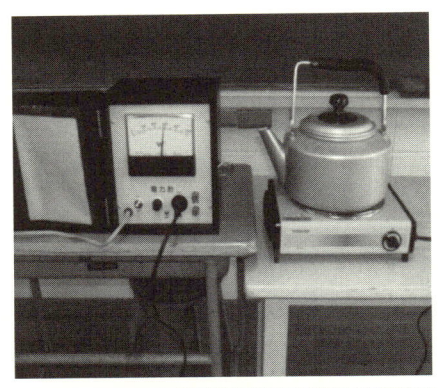

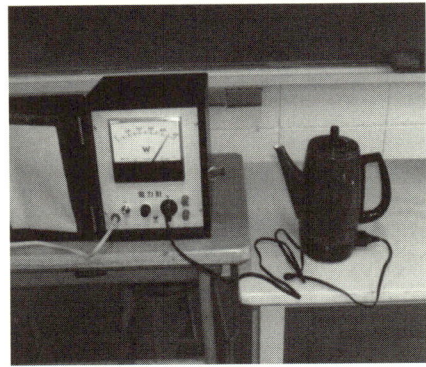

②電気コンロ・ポットで加熱中

表1　熱効率測定実験のデータのまとめ

電気機器	電気コンロ	電気ポット
初めの温度：T_1（℃）	31℃	31℃
暖めた後の温度：T_2（℃）	43℃	76℃
上がった温度：$T_2 - T_1$（℃）	12℃	45℃
電力：P（W）	280W	420W
電気コンロ・電気ポットの発生した熱量①：Q_1（cal）	20160 cal	30240 cal
水が得た熱量②：Q_2（cal）	6000 cal	22500 cal
熱効率（％）	29.7％	74.4％

出所：筆者作成

①電気コンロ・ポットの熱効率の違いをその構造から説明できる。
　　②電気コンロ・ポットの特性を多面的（経済性・機能性）に評価できる。

　すなわち、お湯を沸かす場合の熱効率が、電気コンロがかなり低く（約30％）、電気ポットが高い（約75％）ことから、両者の構造的な特徴（電気コンロはヤカンとの隙間から熱が逃げやすい）から効率の違いに気づかせるものである（ここでは、第2節・小単元①で取り扱う「発電・送電での電力損失」を再確認させたい）。
　ただ、この実験（実践）のポイントは、後者の主眼②にある。すなわち「これほど熱効率の悪い（お湯を沸かす性能が低い）電気コンロがなぜ今でも使われて続けているのか？」という生徒への「問い」である。これに対する答えは、電気コンロには「色々な調理（魚を焼く等）に幅広く使える」という良さがあるためである。つまり、使う人の目的・条件によって、電気コンロのような「汎用的」技術と、電気ポットのような「専用的」技術のどちらが都合よいかの判断・選択が求められることになる。これは、技術を「合目的性」「機能」の観点から「評価・活用」を考えさせる典型的な場面であり、必ず取りあげたい内容である。
　生徒は将来、このようなエネルギー変換機器の選択が求められる場面に必ず遭遇するであろう。このような「技術を適切に評価し活用する能力・態度」は、彼・彼女らに是非とも身につけさせておきたい「普通教育としての技術教育」の課題である。

第4節　「エネルギーの技術」の学習指導事例

　本節では、指導要領B(2)の「エネルギー変換に関する技術を利用した製作品の設計・製作」とA(3)の「材料と加工に関する技術を利用した製作品の設計・製作」とによる相互の有機的な関連を図った教材例「蛍光灯スタンド」を紹介する（次頁写真③④）。この教材は、板材・角材からなる構造部

③B(2)とA(3)の関連を図った蛍光灯スタンド 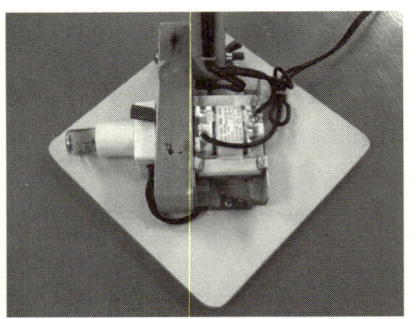　　④蛍光灯スタンドの底板に部品を配置

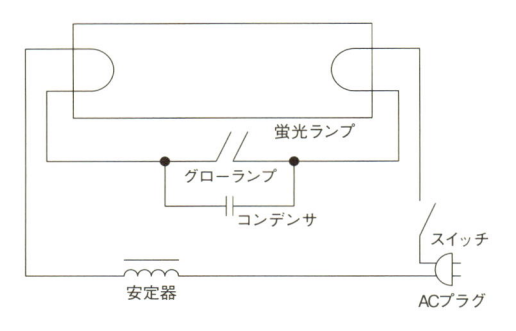

図3　蛍光灯スタンドの回路図
出所：著者作成

材に、蛍光灯回路を組み込んだものである。なお、フードにはアクリル材を使用しており、アクリル折り機で折曲げを行わせ、プラスチック系材料の「熱可塑性」を体験させる。蛍光灯の回路図を図3に示す。なお、回路の安定器には「50Hz・60Hz選択可」タイプのものを使用する。

この教材の設計・製作過程において、生徒に身につけさせたい「エネルギー変換に関する知識・技能」は以下のような事柄である。

○「回路図」と「組み立て・配線箇所」を常に関連づけて作業できる

このような電気機器の製作では、個々の作業方法が教師から説明されるのみで、生徒の関心が作業だけに集中し「はんだづけの練習にしかなっていない」といった知識習得との遊離が問題となることが多い。もちろん、技能習得も重要な課題ではあるが、少なくともその作業（組み立て・配線の箇所）が、どの工程（回路図のどの部分）であるのかを常に関連づけて作

業を行わせたい。これにより、作業の見通しや段取りを意識した作業が重要であることに気づかせたい。

○ニッパによる「剥皮」ができる

技能習得に関わる事項であるが、ニッパは「工具には、それに応じた使い方がある」ことを意識させるのによい教材である。ニッパは、ニッパを持たない手で導線を固定し、親指をニッパに「支点」として当て、「てこの原理」で剥ぎたい部分を引けばきわめて楽に剥皮できる。まず、教師がこのことを納得して使い方を指導し、生徒に体験・実感させることで、工具にあった合理的な使い方が重要であることを印象づけたい。

○はんだごてによる「はんだづけ」ができる

これも技能習得に関わる事項であるが、「はんだづけ」は「はんだ(主に鉛とスズの合金)」と、被接材の温度管理が重要なポイントになる。生徒には、はんだを接着剤のように「被接材の間に流し込めばよい」というイメージがあるようだが、実際は被接材双方(たとえば基板と部品)をはんだがとける温度まで加熱して、そこにはんだを「のせる」イメージが重要である。このイメージで行わないと、「目玉」のような接着不良が発生する。また、被接材が半導体部品の場合は部品に熱を伝えない(熱を逃がす)配慮も必要となる。はんだづけには、このような原理の理解や状況に応じた判断も必要となる。

○テスターを用いた「導通試験」ができる

電気機器の保守点検で、「導通試験」は機器の異常箇所を特定する最初の手立てとなる。製作した機器は、ショート・漏電等を未然に防ぐため、可能性のある部位間の導通のあり・なしを確かめる必要がある。導通試験はテスターの抵抗レンジを使って行うことができ、原理的に難しいものではない。これについても、回路図と関連づけて行わせたい。

おわりに

　単元「エネルギーの技術」では、その学習対象となる電気や動力などの「エネルギー」が、「材料」や「食料」などとは異なり「直接見えない」という難しさがある。このため、エネルギーの技術を検討・評価する場合は、取り扱われるエネルギーを何らかの「測定器」によって定量的に捉えることが欠かせない。

　第2節・小単元⑤でも提案したように、エネルギー変換の技術と環境との関連は常に考慮されるべきものであるが、エネルギーが「直接見えない」ため、たとえば「技術の改良で相当な省エネルギーが実現できている」ことや「1人ひとりの節電努力が相当な省エネルギーにつながる」ことは日常生活では気づきにくい。これを生徒に気づかせることを、単元「エネルギーの技術」の重要な課題の1つとして教師は意識するべきである。

　「エネルギー変換に関する技術」を利用した「製作品の設計・製作」においても、その設計・製作過程で、多くの知識・技能を習得させることはできるだろう。しかし、「設計・製作」だけでは「エネルギーの技術」の本質をつかませるのは難しいと思われる。指導要領にも書かれているが、調査・実験・操作・観察等の多様な学習指導を手立てに「科学的な根拠に基づいた指導」を行うべきことを常に意識しておきたい。

参考文献

　　河野義顕、大谷良光、田中喜美編著『技術科の授業を創る――学力への挑戦』（改訂版）学文社、2011年、p. 131
　　技術教育分科会編『新技術科教育総論』日本産業技術教育学会、2009年、pp. 143～147
　　有川誠「技術科における効率の概念学習の授業実践」『日本産業技術教育学会誌』第35巻第2号、日本産業技術教育学会、1993年、pp. 135～139

COLUMN

「ハイオク」って何？

　近年、自動車の環境性能の進展は著しく、ハイブリッド自動車や電気自動車など、燃費や環境へ与える負荷の少なさをアピールする車種も多い。一方で、環境技術の先駆けともいえる、自動車を使う人なら見聞きしたことがあろう「ハイオク」という自動車燃料がある。ただ、これがどんなものかを詳しく知る人は少ないのではないだろうか。

　「ハイオク」を説明するには、ある程度自動車エンジンの仕組みについて触れざるを得ない。自動車が一般に普及しつつあった1970年代初めまで、エンジンは出力維持のため「圧縮比（エンジン内部で、ピストンが、燃焼前の空気と燃料を押し縮める割合）」が高く設定されていた。この圧縮比が高くなるとノッキングという異常燃焼を起こしやすくなるため、これを防ぐ目的で、ガソリンに「鉛」が混入されていた。この異常燃焼を起こしにくくする指標が「オクタン価」とよばれている数値（最大値は100）である。ところが鉛は有害で、燃えずに大気中に排出される。このため鉛の規制が法制化され、これを用いない燃料の開発がスタートした。

　石油元売各社はガソリンの研究を重ね、1980年代半ば以降、鉛を加えずオクタン価を高める成分調合法（詳細は企業秘密）を開発し、これを「高い（ハイ）オクタン価のガソリン＝ハイオクガソリン」として商品化したのである。これにより大気汚染を防ぎ、エンジンの出力を維持することが可能となった。なお、成分調合に費用がかかるため、ハイオクはレギュラー（ハイオクではないガソリン）よりやや価格が高い。

　今日、圧縮比を高くするだけでなく、燃費や出力を高めるさまざまな技術（燃焼の電子制御等）がエンジンに導入され、ハイオクを必要としないレギュラー仕様で燃費のよい車種も多くなっている。圧縮比の高いエンジン搭載車は、ハイオクを入れないとその性能を発揮できないが、レギュラー仕様車にハイオクを入れても、原理上、それ程の燃費向上は期待できない。

第10章

ネットワークと制御の技術に関する授業

はじめに

　私たちの生活や社会に多大な影響を与えている技術として、コンピュータとインターネットをあげることができよう。今や多くの小・中学生でさえ、電話というより超小型のコンピュータであるスマートフォンを所有し、日常的に活用できる時代になっている。一方、スマートフォンなどの携帯端末が、画期的な利便性をもたらすと同時に、さまざまな社会的問題も引き起こしている。技術を適切に活用することは簡単ではない。

　また、情報技術の進展は、身近な生活ばかりでなく、生活を支えている多種多様な製品をつくり出す生産の世界にも大きな影響と変化をもたらした。生産の世界の情報技術の主要なものは、インターネットを中心にした情報通信ネットワークの技術（ネットワーク技術）と、さまざまな機械などを自動化するコンピュータプログラムによる計測と制御の技術（制御技術）の2つである。技術科では、これらネットワーク技術と制御技術を中核とする、生産の世界の情報技術の指導をしなければならない。

中学生たちは、ネットワーク技術と制御技術について、実感豊かに納得的に学ぶことで、情報技術と社会や生活との関わりをよりよく理解するとともに、これから情報技術をどのように活用し、発展させていくべきかを未来志向で考えることができるであろう。

第1節　ネットワークと制御の技術の学習の目的

1. 生産とネットワークと制御の技術

　生産の基幹となる技術は、道具から機械へ、そして自動機械を経てコンピュータ制御オートメーションへと発展した。自動機械といえばコンピュータ制御がイメージされるが、制御技術それ自体は、歴史的にはコンピュータの出現前から存在した。制御工学の始まりは、1788年にワットにより実用化された蒸気機関における遠心調速機であるとされる。工学的にみると、制御技術は、制御対象（たとえばクルマのエンジン）の状態を、目標値に「合わせる」、その状態を「保つ」、そのために使うエネルギーをできるだけ「省く」のがポイントである［木村2002］。

　こうした近代的（機械的・電気的）な制御技術が、（超）小型化されたコンピュータとそのプログラム、各種計測技術、さらにはディジタル設計技術と組み合わされて、よりいっそう高度で柔軟な、コンピュータ制御オートメーション＝自動化が実現された。ディジタル設計技術としては、3次元CADが普及し、各種のシミュレーション技術が開発され、より柔軟に、より速く設計・試作ができるようになってきた。そして、コンピュータによる制御技術は、工場内でのより高度な判断を要する複雑な作業も数多く自動化しつつある。さらに、コンピュータ制御の機械の多くは、ネットワークにより相互に接続され、個々の機能を発揮している。なお、ディジタル設計技術については、第5章において、より詳細に解説している。

　一方、ネットワーク技術は、メインフレームと端末との通信技術から始

まり、米国のARPANETなど、パケット通信を用いたネットワーク相互接続技術へと発展していった。1982年にインターネット・プロトコル・スイート（TCP/IP）が標準化されたことで世界規模のコンピュータネットワーク＝インターネットが構築され、商用利用認可とともに爆発的に普及した。そしてインターネットは、コンピュータ制御技術など、さまざまな他の生産技術にも利用されることになる。この結果、設計、製造、物流、経営など、さまざまな部署・部門の間で、物理的な距離・隔たりにかかわらず、同一の情報が同時的に共有され、効率的な生産をグローバルに展開できるようになった。また、ネットワーク技術の進展や普及は、より多くのデータの蓄積・収集・処理を可能にした。従来扱いきれなかった膨大なデータ（ビックデータ）の活用も進み、生産の世界をさらに変えつつある。

　制御技術が生産に「自動化」をもたらし、ネットワーク技術が生産に新たな「広がり」をもたらすとともに、両者が相俟って生産の「速さ」を加速させ、大量生産方式から多品種変量生産・変種変量生産など、市場の動きにダイナミックに連動するフレキシブルな生産方式を推し進めた。

2．学習指導要領と教科書

　2008年告示の「中学校学習指導要領」では、技術科の「情報」に関する内容は「D　情報に関する技術」において扱うことになった。この「D　情報に関する技術」では、従来の「B　情報とコンピュータ」における内容をすべて必修化し、(1)情報通信ネットワークと情報モラル、(2)ディジタル作品の設計・制作、(3)プログラムによる計測・制御の3項目に再編した。

　「D　情報に関する技術」では、「情報に関する基礎的・基本的な知識及び技術を習得させるとともに、情報に関する技術が社会や環境に果たす役割と影響について理解を深め、それらを適切に評価し活用する能力と態度を育成することをねらいとしている」とされている［文部科学省2008］。また、同「解説」では、「これらの内容を指導するに当たっては、情報に関する技術が多くの産業を支えていることについて理解させるよう配慮する」な

ど、従来以上に産業との関わりを強く意識させることも注目される。さらに特筆すべきことは、学校選択の内容の1つにとどまっていた「プログラムによる計測・制御」(従来は「プログラムと計測・制御」)が必修化されたことと、ソフトウェアの基本的な使い方などの操作の基本スキルに関する内容が削減されたことである。この改定により、技術科の「情報」に関する授業の目的が、基本的なコンピュータ操作スキルの習得の部分を弱めて、「プログラムによる計測・制御」など、技術教育としての本質的な内容に焦点を当てるようになったことは大きく評価できよう。そしてこの改定は技術科の検定済教科書と教材にも大きな変化をもたらした。

教科書では、必修化された制御技術についての内容が質量ともに増加した。ネットワーク技術についても、TCP/IPなど代表的な通信プロトコルも取り扱われるようになった。また、市販の教材、とくに制御教材については、販売元の各社が開発・改良に力を入れ、多様な種類が提供されるとともに、それぞれの制御教材で使用する教育用の簡易プログラミングツールの普及も進んだ。さらに、これまでは技術科教材を取り扱ってこなかった企業も、制御教材を積極的に開発・販売するようになった。

従来、制御教材を用いた実践は、選択的内容のため、意欲的な一部教師に留まっていた。しかし、必修化による制御教材の普及により、技術科の教師にとってより重要になってくるのが、市販の教材を駆使して、本質的かつ生徒を熱中させるネットワークと制御の授業を展開することである。

一方、技術科では、「情報モラル」の内容も従来以上に重視されるようになってきた。前述したように、「情報モラル」は、「D 情報に関する技術」の主要内容の1つに位置づけられている。今日の学校現場をみれば、携帯電話やスマートフォンの使用に起因する諸問題が全国で多発しており、生徒指導上重要な課題となっている。しかし、「情報モラル」は道徳にも位置づけられているように、必ずしも技術科のみが率先して指導すべき内容ではなく、学校全体で取り組むべき機能的な問題である。中学生たちが、技術科の授業を通してネットワークの仕組みを理解することは、ネットワークの安全な利用や判断力の育成にも役立つであろう。技術科では、技

術教育として本質的な内容を教えることを疎かにせず、むしろそのことを通して、生徒が、「情報モラル」に関する問題を技術的な側面から合理的に考え、的確に判断できるようにすることが重要である。

3. ネットワーク技術と制御技術の学習の技術教育的意義

以上に概略を述べたように、「中学校学習指導要領」上ではネットワーク技術と制御技術は別個の独立した内容になっているが、普通教育としての技術教育の理論、とくに技術論の観点から整理すると、両者を乖離させずに連携させる（システム化する）ことで、現代社会における情報技術の果たす役割や影響を全体的・統一的に理解させることができる。

より具体的にいえば、ネットワーク技術の学習の到達目標を、①ネットワークの基本的な仕組みがわかるとともに、②そのことを通して、基本概念としての「広がり」と「速さ」の本質が実感豊かに理解でき、③生徒たち自身がネットワーク技術を適切に評価・活用できること、を中心に設定したい。③の技術の評価・活用とは、社会的な視野をもって、対象とする技術の活用法を判断したり、方向性を考えられることを指す。また、制御技術の学習の到達目標を、①簡単なプログラムを作成して、思い通りにコンピュータ機器（アクチュエータ）の動作を制御できること、②そのことを通して基本的概念としての「自動化」と「速さ」の本質が実感豊かに理解でき、③生徒たち自身が制御技術を適切に評価・活用できること、を中心に設定したい。

第2節 ネットワーク技術と制御技術の授業の指導計画

本節では、単元「コンピュータネットワークでひらくものづくりの技術」を提案する［技術教育研究会編2011］。この単元は、①と②の2つの小単元から構成され、標準的な授業時数は計15時間である。なお、この内容にも深く関連するディジタル技術は、第11章にて取りあげる。

1. 単元①：通信とネットワーク──電話からインターネットまで

　この小単元では、通信に関する基本的な実験・実習を通して、１対１のアナログ通信技術から多対多のネットワーク型の通信技術へ、そしてディジタル技術を用いたコンピュータネットワークへと技術の発達を追体験させながら、その技術的な仕組みに関する科学的認識を実感豊かに育み、かつ現実の技術との関わりを理解させていく。このように本単元では、さまざまな実験教材を活用することで、生徒らが体験的かつ興味をもって学習できるようにする。また、情報モラル的な内容については、IPアドレスや暗号技術といった技術的で合理的な理解をもとに判断させていく。

(標準授業時数 8 時間)

学習項目	到達目標	主な教材
1. 電気信号と通信 ・スピーカ同士を接続し、通信する。 ・スピーカ通信と糸電話を比較する	・糸電話とスピーカ通信の違いがわかる ・スピーカが電圧の変化を音の変化に変えていることがわかる ・スピーカ通信の仕組みがわかる	・スピーカと接続コード ・電源ドラム ・糸電話
2. 電気信号と増幅 ・音声による音声電流の波形やその相違を観察する ・増幅器を使って簡単な通信をする	・音声電流と音の関係がわかる ・音声電流波形を比較できる ・増幅器の働きがわかる ・増幅器を介した電気信号の流れが説明できる	・低周波発信ソフト ・オシロスコープおよびスピーカと増幅器
3. 光通信の仕組み ・太陽電池と豆電球を用いた光通信をする ・電源にバイアスをかけて、高品質の通信をする ・光ファイバを用いて、光通信を行う	・音声電流と光の関係がわかる ・光通信が実験できる ・光通信の仕組みがわかる ・光ファイバによる通信の原理がわかる ・通信技術における光ファイバの重要性がわかる	・増幅器 ・スピーカセット ・太陽電池と豆電球およびLEDとフォトトランジスタ ・光ファイバ
4. 電話がつながる仕組み ・電話機同士の通信をする ・交換機を使っての通信をする ・実験から実際の電話網の仕組みを知る	・電話がつながる仕組みを考えることができる ・電話交換機網をつくり相互に会話ができ、電話番号と電話交換機の関係を説明できる ・電話網の仕組みがわかる	・電話交換機教材 ・昔の電話交換手の写真や資料
5. コンピュータネットワークの体験 ・メッセージ交換ソフトによる通信をする ・IPアドレスについて知る ・通信ログと発信者特定について知る	・メッセージ交換ソフトを使ってメッセージ交換ができる ・IPアドレスの役目がわかる ・通信ログと発信者特定の関係がわかる ・ネットワーク使用での注意点を技術的な面から説明できる	・メッセージ交換ソフト

6. **IPアドレスとURL** ・IPアドレスによるWeb閲覧をする ・IPアドレスとURLの関係を知る	・IPアドレスによるWeb閲覧ができる ・IPアドレスとURLの関係およびDNSの仕組みがわかる	・インターネット検索のできるコンピュータ
7. **パケット通信の仕組み** ・カードを用いたゲームでメッセージを送る ・パケット通信の仕組みおよびインターネットでのデータの流れを知る	・役割に対応し、適切にメッセージ送信と確認ができる ・パケットの意味とルータの役割がわかり、インターネットでの情報の流れを説明できる ・暗号技術の重要性がわかる	・送信用シート ・確認用シート ・ルータ接続票 ・ルータ配置図
8. **コンピュータネットワークと社会** ・身の回りの情報システムの仕組みを知る ・ネットワークの活用について考える	・POSや携帯電話などネットワークを利用した情報システムの仕組みがわかる ・ICタグなどの技術の活用アイデアを考案できる	・Web資料のURL集 ・まとめ方見本 ・ICタグの説明資料

2. 単元②：プログラムによる自動化

　この小単元では、コンピュータ制御に関する基本的な実験・実習を通して、簡単なプログラムによる制御を体験的に学習させ、制御技術を実感豊かに理解させていくなかで、エスカレータなど身近な制御機器を模擬し、生徒の技術的・社会的視野を広げる。そして、身近な製品や機器に組み込まれた制御用プログラムのアルゴリズムを考えることを通して、現代社会における制御技術の果たす役割やネットワーク技術との関連を理解させる。

第3節　ネットワーク技術と制御技術の授業のための教材・教具・指導例

　本節では、第2節で述べた単元「コンピュータネットワークでひらくものづくりの技術」において使用する主要な教材を、2つの小単元ごとに概説する。また、小単元②について、学習指導例を概説する。

(標準授業時数7時間)

学習項目	到達目標	主な教材
1. 身の回りの制御 ・身の回りの制御機器を探す ・制御教具を動かす	・身の回りの制御機器をあげることができる ・サンプルプログラムを用いて制御教具を制御できる	・制御教具とプログラミングツール
2. プログラムの作成法を知る ・順次・反復処理を用いたプログラムを作成する	・課題に応じて順次処理、反復処理を用いたプログラムが作成でき、アルゴリズムをフローチャートで表現できる	・制御教具とプログラミングツール
3. 分岐処理を用いた制御 ・センサの役割を知る ・分岐処理を用いたプログラムを作成する	・センサの役割がわかる ・順次・分岐処理用いたプログラムが作成でき、アルゴリズムをフローチャートで表現できる	・制御教具とプログラミングツール ・課題のコースなど
4. オリジナルプログラムの作成 ・現実の制御システムのモデルを制御する	・オリジナルプログラムを構想し、アルゴリズムを適切に表現できる ・ユーザを想定し、条件に応じたオリジナルプログラムを作成できる	・制御教具とプログラミングツール ・エスカレータ教具
5. 身近な製品や装置の制御プログラムをフローチャートで表現する	・身近な製品や装置に組み込まれたプログラムのアルゴリズムをフローチャートで表現、考察できる	・見本のレポート ・記入用ワークシート
6. 制御技術と社会 ・各自レポートを発表する ・制御技術が社会や生産に与えた影響や果たす役割を知る	・さまざまな製品や装置に組み込まれたコンピュータと制御プログラムについてわかる ・制御技術が社会や生産に与えた影響や果たす役割を知ることができる	・各自のワークシート ・工場での自動生産やロボットの動画資料

1. 単元①：通信とネットワーク——電話からインターネットまで

（1）スピーカ通信

　写真①（次頁）のようにスピーカ同士を接続し、通信する。増幅器が間になくても一定の通信ができる。また、電源ドラムを用いてコードを延ばすと10m以上の遠距離通信も可能である。

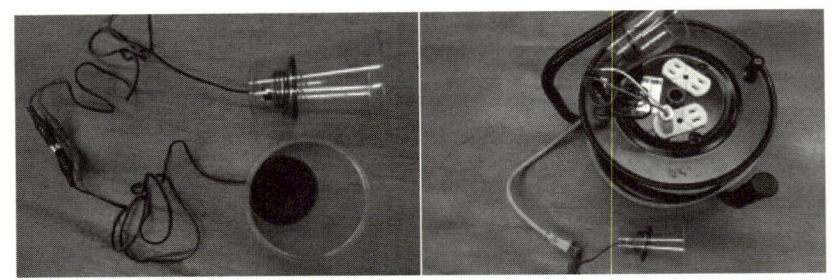

①スピーカ通信の実験

（2）電気信号と増幅

オシロスコープを用いて音声電流の波形を観察する。オシロスコープは理科から借用できる場合もある。また、パソコン用に音声電流の波形を表示できるソフトウェアもあるので、活用するとよい。増幅器は教材用のマイクアップキットなどを用いることで対応可能である。

（3）光通信の仕組み

豆電球はレンズ付き球がよい。太陽電池は実験用のサイズであれば使用可能である。音源のラジカセは、古いラジカセや安価なラジカセを分解し、スピーカ出力からコードを出すことで活用できる。なお、光通信セットも含めた通信教具一式も商品化されている（図1・章末4.参照）。

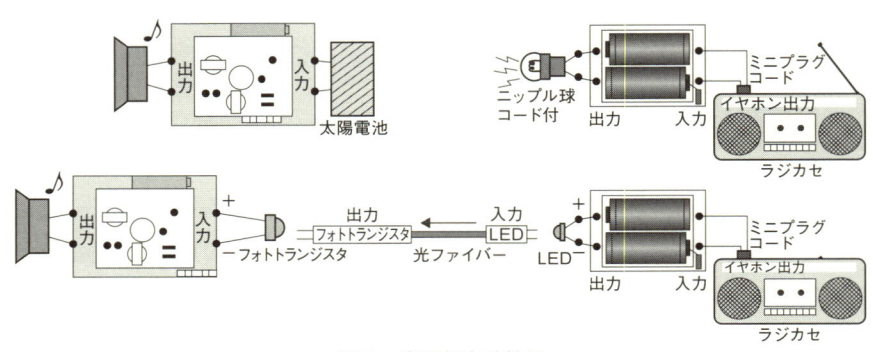

図1　光通信実験教具

（4）電話がつながる仕組み

電話交換機の専用教具（図2）が必要であるが、元になっているインターフォン教材の廃盤に対応し、代替品が開発された［増村 2014］。

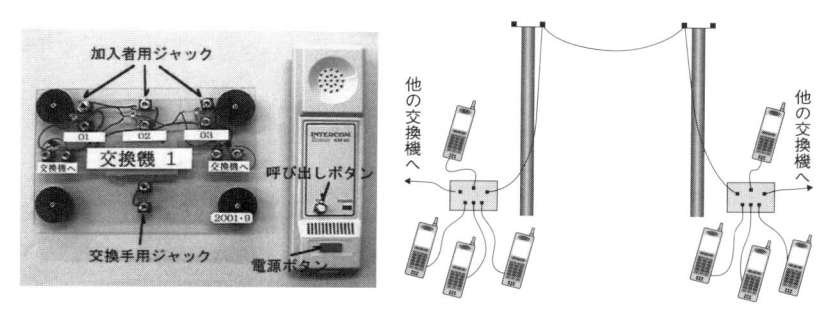

図2　電話交換機専用教具

（5）コンピュータネットワークの体験

前節の提案では、フリーのメッセージ交換ソフト「見てネット」（図3）を使用している。ただし、LANチャット機能をもつフリーソフトは複数あり、活用できれば他のソフトでもよい。

（6）IPアドレスとURL

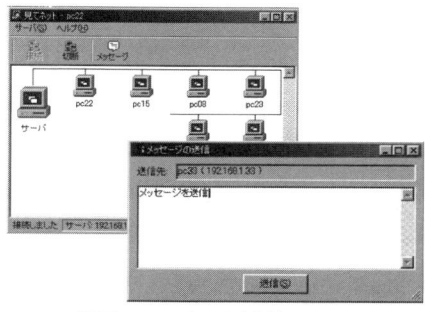

図3　メッセージ交換ソフト

IPアドレスとURLの関連づけであるDNSは、サーバの更新で変更されることも多い。「IPアドレス検索」「IPドメイン」といったキーワードでWeb検索すると、IPアドレスも含めたドメインの登録情報を参照するサービスが見つかる。こうしたサービスを用いて、事前にIPとURLのリストを作成しておくと授業がスムーズに行える。

第10章　ネットワークと制御の技術に関する授業

（7）パケット通信の仕組み

図4の専用カードを用いたルーターゲームにより、模擬的にメッセージのやり取り（送受信）をする。

（8）コンピュータネットワークと社会

POSシステムなど、生徒たちが日常的に利用している情報システムについては、Web上にも有益な資料が多いので、適宜活用する。また、コンピュータネットワーク技術の評価・活用の場面では、ICタグなどを事例として、メリット・デメリットがよりよく検討できる学習課題を設定する。

以上の通信教材を活用した授業提案は、技術教育研究会により実践的検証を踏まえてテキスト化されている［技術教育研究会編 2011］。

2. 単元②：プログラムによる自動化

制御教具は、簡易プログラミングが可能で自律型のロボットカータイプの教材など、さまざまな製品が流通するようになった。各学校の状況や予算に合わせ、適宜選択するとよい。また、現実の制御システムのモデルとして、本書では、制御教具として用いたロボットカーをエスカレータ制御の教材として再利用した事例を紹介する（写真②）。CdSとLEDをセンサに利用して、通過物を感知させている。赤外線センサが活用できれば、追加回路なしで使用できる。

②エスカレータモデル

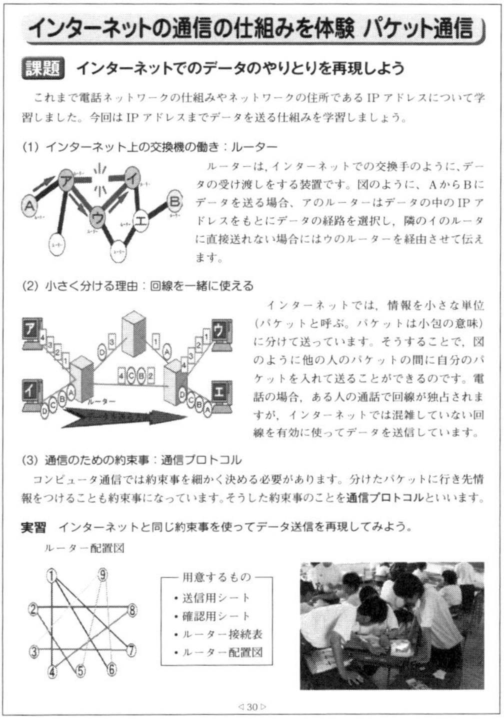

図4　ルータゲーム

出所：[技術教育研究会編 2011]

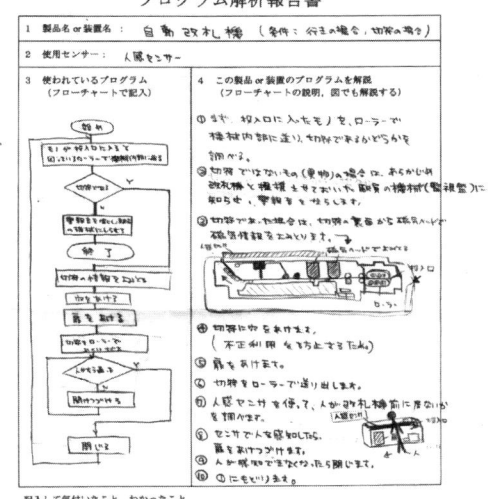

図5　プログラム解析報告書

第10章　ネットワークと制御の技術に関する授業　153

3. 学習指導例──単元②プログラムによる自動化

　ここで、単元②「プログラムによる自動化」のうちの「5. 身近な製品や装置の制御プログラムをフローチャートで表現する」の学習指導例を紹介する。

　この授業では、ロボットのプログラム作成をする実習を通して、現実の製品や各種機器に組み込まれているプログラムの基本的部分を理解するための科学的認識と技能を身につけさせたい。そして、その学習を通して、現実の製品や各種機器のプログラムには、製作者の創意工夫が込められていることに気づかせることをねらった［川俣2013］。

　フローチャートをプログラムのアルゴリズムの表現手段に活用した。制御実習後に、フローチャートを用いて、プログラムの順次、反復、分岐の仕組みを確認する。その後、自動ドアの制御を例示し、フローチャートで考えさせた。また、班ごとに検討したフローチャートをプロジェクタで投影し、全員で共有した。

　一連の授業の終了後に、図5のような「プログラム解析報告書」を夏期休業中の課題とした。生徒たちは、自動改札機や自動販売機、UFOキャッチャーなどを事例として取り上げ、さまざまな報告書を作成している。この報告書では、現実の社会を支えている制御技術について考察されていたことも特徴的であった。

4. 参考となる情報源

　本章で述べた教材・教具等については、章末「参考文献」欄のほか、次のWebページも参照されたい（2014年9月1日アクセス）。

○「おもしろ通信教材セット」（桜井技術教材社）
　▶http://www5a.biglobe.ne.jp/~sgk/tusshin/index.htm

○「周波数学習ソフト『Hz』」・「見てネット1.1」
　「Gijyutu.com技術教育おもしろ教材集」
　　▶http://gijyutu.com/main/（「技術教育用ソフト」内）

おわりに

　技術の進展、とりわけ情報技術の進展は急速である。そうした技術の流行をキャッチアップすることは必要であるが、ここで取り上げた「自動化」のように、技術教育の普遍的、本質的な部分を踏まえつつ時代のトレンドもバランスよく対象化していける実践を期待したい。

参考文献

増村嘉宣「廃盤商品『電話交換機教材』代替品のご紹介」『技術と教育』第482号、技術教育研究会、2014年

技術教育研究会編『ためしてわかる通信とネットワーク——電話からインターネットまで』（コンピュータネットワークでひらくものづくりの技術：上巻）技術教育研究会テキスト部、2011年

文部科学省『中学校学習指導要領解説（技術・家庭編)』教育図書、2008年

木村英紀『制御工学の考え方——産業革命は「制御」からはじまった』（ブルーバックス）講談社、2002年

川俣純「身近な製品のプログラムをフローチャートで考える」2013年
　　▶http://www.mura-lab.info/kaken/archives/260（2014年9月1日アクセス）

第11章

3次元ディジタル生産の技術に関する授業

はじめに

「21世紀の産業革命」といわれる「ディジタルファブリケーション (Digital Fabrication)」が注目を集めている。

2000年代に入る前後から、製造業では情報化が急速に進行した。この後、3次元プリンタ（3Dプリンタ）やレーザー加工機などのコンピュータと接続されたディジタル加工機が家電品の一種のように広く普及することで、3次元方式による設計から製造までを自分自身の手で行うDIY製造業ともいえる状況が生まれ、個人とものづくりの関係が劇的に変わるといわれている［アンダーソン 2012］。

技術科の授業において、3次元化されたものづくりを扱わずに、修学旅行の動画編集や、プレゼン資料づくり、Webページの制作に終始してよいはずはない。「中学校学習指導要領」にもとづいて技術科で指導すべきとされている「ディジタル作品の設計・制作」は、普通教育としての技術教育の立場からみると、製品の設計データや、加工データの作成と、その

データを用いたディジタル加工機による加工学習を含有したものであるべきである。序章等で述べられているように、技術科は「技術および労働の世界への手ほどき」を営む教科である。このことを前提にして技術科の授業づくりを考えるならば、必然的に３次元方式のものづくりの現実を、技術科教室やコンピュータ室に再現し、授業を展開することが求められる。

さらに、コンピュータとディジタル加工機を用いることで、従来の設計・製作の授業で想定されてきた製品の製造を中心とした技術ばかりでなく、第10章で取り上げたネットワークと制御の技術を用いることで、改良を加えた試作品を製作し、さらにその使い勝手を検討して再度製作するといった製品開発に近い設計・製作を想定することも可能になってくる。３次元CAD上でさまざまな形状を比較検討し、必要に応じて３次元プリンタで立体として出力して確認するといった授業も可能になるだろう〔門田2013〕。

しかし、こうしたコンピュータとディジタル加工機を用いた加工は、材料の特性や工作機械の仕組みの理解、手作業による精度の高い加工技能なしに、正しく把握することはできない。手作業による加工学習のうえに本章で紹介する「３次元ディジタル生産の技術」を教え学ぶことではじめて、身近なさまざまな製品や現代の技術への正しい理解を育むことができる。

第１節　「立体グリグリ」による３次元CAD実践

1. はじめての３次元CAD

実際に企業の製品開発に使われている３次元CADは、高価であるだけでなく、あまりに多機能で授業の短い時間のなかで使いこなすことは難しい。無償で利用できる３次元CADソフトウェアもあるが、空間的に考える力の乏しい中学生に操作を理解させるのはとても難しい。

筆者らが教育用に開発した教材「立体グリグリ」（次頁図１）は、Ｘ、Ｙ、

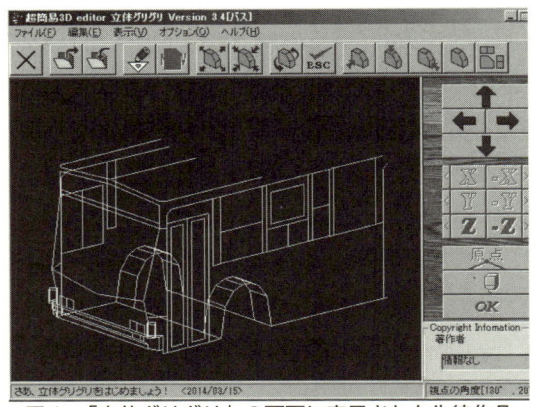

図1 「立体グリグリ」の画面に表示された生徒作品

Z、-X、-Y、-Zのボタンを押して仮想空間上のポインターを動かし、始点と終点を指定することでその間の空間に線分を描くことができる簡易3次元CADソフトウェアである[技術教育研究会編 2012]。操作は単純明快で空間上に立体をかくことに集中して取り組ませることができる。次のURLにてフリーソフトとして配布されている。

▶http://www.gijyutu.com/g-soft/guriguri/　（2014年9月1日アクセス）

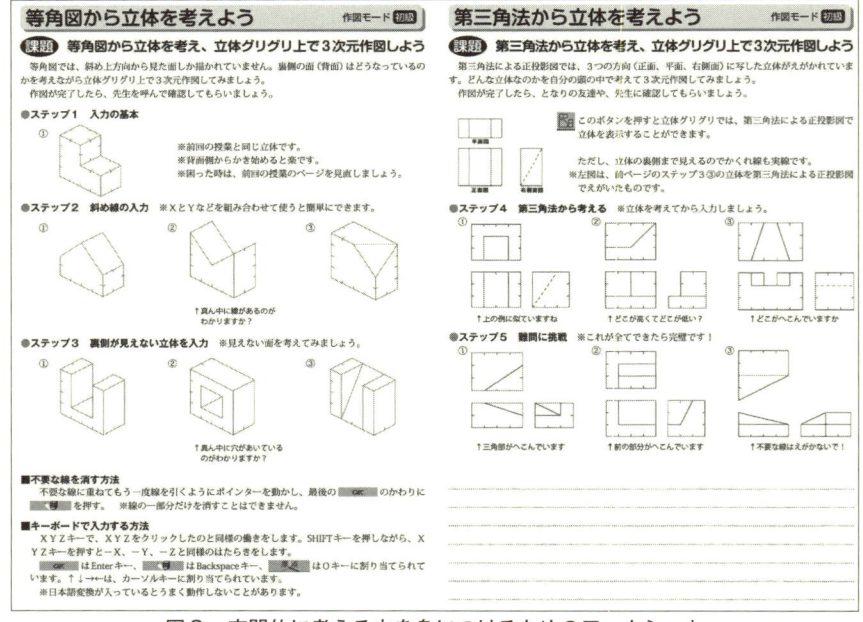

図2　空間的に考える力を身につけるためのワークシート

2. 立体的に考える力を鍛える

　生徒のなかには、仮想空間上でポインターを動かしていることが理解できず、画面に表示される一方向から見た投影図だけで立体を描こうとする者がいる。こういった間違いでも、カーソルキーで立体の向きを変えるとその間違いの理由に気づくことができる。「立体グリグリ」は、それまで空間的に考えた経験がほとんどなかった生徒の頭のなかに仮想空間をつくり出し、空間的に考えることを促すために開発されたソフトウェアである。

　ワークシート（図2）は、本格的にオリジナル立体の設計に入る前に「立体グリグリ」に立体のデータを入力し、空間的に考える力を身につけさせるための教材である。オリジナル立体とは、作成した個々の生徒の創作物である。ワークシートの内容は段階を踏んでレベルアップするように仕組まれている。

　ステップ1～3では、等角図で表示された立体を入力し、画面上で回転させてみると容易に間違いを探し出すことができる。教師がチェックし合格印を押すなどして生徒を励ましながら、つまずきを解消できるようにアドバイスを与えていく。

　ステップ4～5では、第三角法による正投影図で示された立体を入力する。第三角法による正投影図でかかれた図は、空間的に考える力なしに立体として再現することはできない。筆者が担当した授業では、クラスの大多数がステップ4の第三角法による正投影図でかかれた立体を入力する課題にまで進ませるようにした。3時間程度のトレーニングの時間が必要であった。

3. オリジナル立体を仮想空間上に作図する

　図3（次頁）に示す9つのオリジナル立体は、3年生に4時間でかかせたオリジナル立体である。ワークシートの課題をこなした生徒は「立体グリグリ」の操作で戸惑うことはほとんどない。だから、生徒たちは時間をめいっぱい使って細部まで現実の製品に近づけようと仮想空間上に線を書

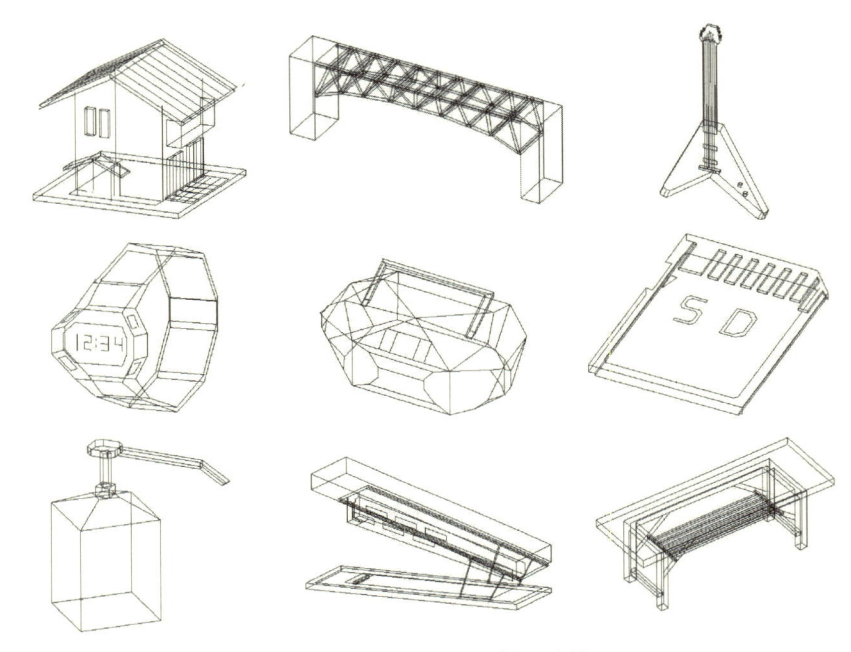

図3 生徒が作図したオリジナル立体

①製品を観察

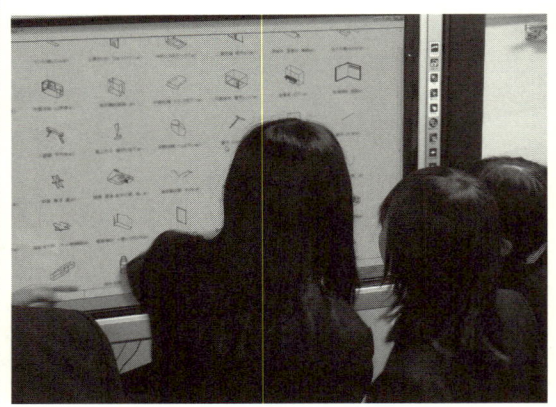

②電子黒板で互いに見せ合う

き加えていくことができる。

　生徒には最初に構想図をプリントに描かせたうえで、「立体グリグリ」の操作の難易度を上級にあげ、XYZ方向とも0〜1000の間の座標空間を使って立体作図をさせている。時間内で終わってしまいそうな生徒、たとえば図3の中の腕時計を立体作図している生徒には文字盤や横のスイッチを再現するように指導し、SDカードの立体作図が完了したという生徒にはSDカードと分かるように表面に文字を作図するように助言した。優秀な生徒にはさらに細部への書き込みを課題化する。こうすることでクラス全体のレベルも向上する。

　また、生徒たちに、事前に作図する対象物を探しておくように指示しておき、身近な製品をさまざまな方向から写真撮影し、プリントアウトしたものを持参させるなど、生徒それぞれに作図の準備を行わせたことも効果的であった。なかには、写真①のようにUSBメモリの実物をコンピュータ室に持ち込み、「立体グリグリ」の画面と同じ方向にUSBメモリを向けながら仮想空間上にその形状を作図する生徒もみられた。

　さらに、写真②のように、授業が始まる前に授業が先行しているクラスのオリジナル立体の一覧を見せ、授業の最後に自分たちのクラスのオリジナル立体を電子黒板にサムネイル表示させ必ず共有するようにした。生徒同士が互いに刺激を受け合う環境づくりをすることも授業づくりのポイントである。

4．実際の製品との比較をレポートにまとめる

　筆者は、オリジナル立体の作図後に、生徒たちに、図4（次頁）のように「立体グリグリ」で作成したオリジナル立体と、実際のその製品を比較するレポートを書かせている。製品の情報は多くの場合ネット上にあるので、参考になる写真を貼り付け、URLを並記して引用先を明記するとともに、何をどう参考にして、実際の製品のどんな点が再現しきれなかったのかを書かせたうえで、授業で気づいたこと学んだことを書かせてみた。

ある生徒は次のように述べている。

　　今回作った私の製品は、自分の身の回りにある眼鏡です。いつも近くで見ているので簡単だろうと高をくくっていましたが、実際に作成するとなると、とても大変でした。とくに細かいところを作成するのは難しかったです。現代の製品をつくるCADとはどのようなものなのか知りたいと思いました。

多くの生徒が、「立体グリグリ」によるオリジナル立体の作図を通して、身の回りの製品のほとんどすべてが、他者（生産者）の手によって細部まで綿密に設計されたものであることに気づく。

「立体グリグリ」上の立体は、「編集」→「コピー」機能を使用して、白地に黒線の画像データとして保存・利用することができる。あらかじめレポートのフォーマットをワープロファイルで用意しておけば、2～3時間程度でレポートを作成可能である。

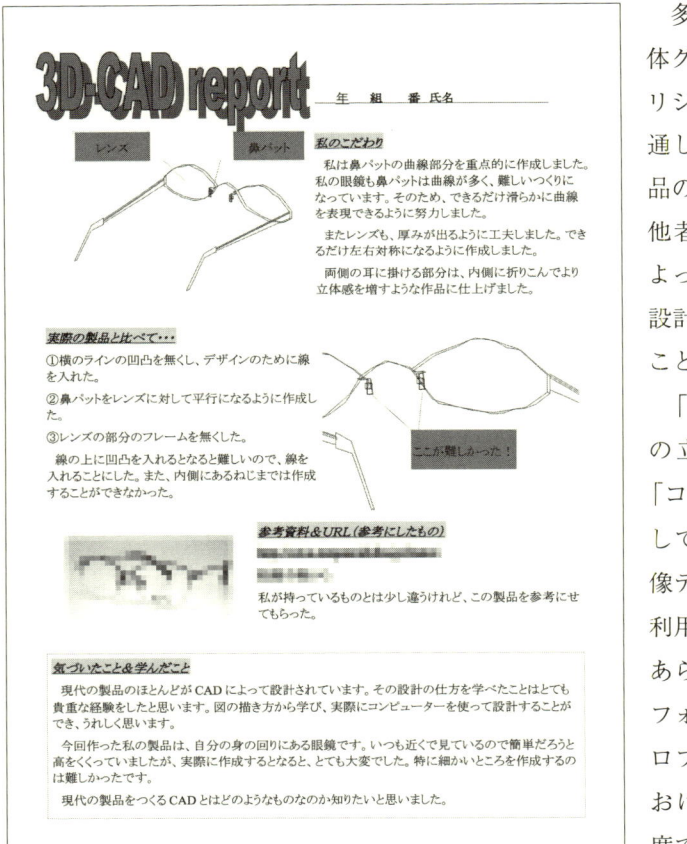

図4　実際の製品との比較をレポート

第2節 「グリロボ」によるディジタル加工実践

1. はじめてのディジタル加工機

　2014年現在、レーザー加工機なら40万円程度、3次元プリンタは10万円程度から入手可能になるなど低価格化が進み、中学校でも技術科の備品として購入できる条件が徐々に整いつつある。

　しかし、レーザー加工機にはメンテナンス費用等も要し、中学校への導入はまだ厳しい。3次元プリンタは、ある程度短時間に立体として出力できる

③「グリロボ」をタブレットPCから制御

とはいっても、授業時間内に出力を完了することはほぼ不可能であり、仕上がったとしても数多く出力することはできない。より多くの生徒に3次元加工データの作成とディジタル加工機による加工を実体験させるためには、「立体グリグリ」の開発と同様の教育的な観点から、出力面での物的条件（教材・教具）を整えることが不可欠である。

　「グリロボ」（写真③）は、「立体グリグリ」で作成したデータを元に、スチロール板をニクロム線による溶断で加工する教育用の簡易ディジタル加工機である［技術教育研究会編2012］。紙や木材、金属は一切加工できない。スチロール板を溶かしながら切断することに特化したディジタル加工機である。詳しくは、次のURLを参照していただきたい。

　▶http://www.ashida-design.com/gurirobo.html　（2014年9月1日アクセス）

2. 加工精度とディジタル加工のおもしろさ

　「グリロボ」での加工に要する時間は、ヒーターや移動スピードなどの

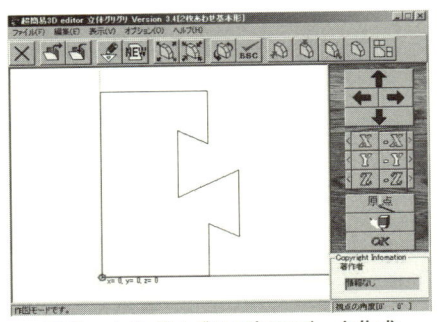

図5 立体グリグリで加工データ作成

設定にもよるが、図5のような加工で1〜2分である。この適度な時間が授業実践上とても有益である。筆者が行った授業では、3台のグリロボを同時に動かしてそれぞれ生徒に操作させ、生徒が作成したデータを用いて2種類の色を組み合わせたコースターを製作させた。4時間程度での実践が可能である。

○手順1　加工データ作成

図5のように「立体グリグリ」を用いて、加工するデータを作成する。「操作の難易度」を「グリロボ」にすると、グリロボで加工できる範囲でデータが作成できる。「立体グリグリ」の操作に慣れていれば戸惑いは感じられない。

④部品加工中の様子

○手順2　データによる加工

写真④のように「グリロボ」に「立体グリグリ」で作成したデータを読み込み、スチロール板を加工する。ヒーターの熱で消失する幅（のこ引きのあさり幅に相当する）をオフセット値として指定することで、ほぼデータの寸法通りの加工ができる。

○手順3　部品を組み合わせる

「手順2」の作業を的確に行うと、別々に作成した2つの部品を写真⑤のようにぴったりと組み合わせることができる。加工の過程でできたバリなどはこの段階できれいに落とし、若干ゆるい場合は、スチロール専用接着

剤で接合すればよい。

　実際に「グリロボ」を用いて加工してみるとわかるが、ディジタル加工機とはいえ、常に同じ精度の加工ができるわけではない。たとえば、気温は加工に大きな影響を与える。夏はニクロム線が冷めにくく、冬はすぐに冷めてしまう。このため、スチロール板が溶ける幅はその日の気温に大きく依存する。加工の順番も精度に影響を及ぼす。

⑤生徒がデータで加工したコースター

　「グリロボ」は部品１個あたり１〜２分と短時間での加工が可能なため、一度失敗してもデータ修正して再度加工することが比較的容易である。また、１時間の授業のなかで１台あたり10人程度は連続して加工ができる。

　データを修正しながら加工精度を上げていく「グリロボ」を用いた加工体験は現実のものづくりの現場での試行錯誤を想起させてくれる。加工データと手順を守れば、ほぼ同じ品質のものをいつでも製作することができる。

第３節　３次元ディジタル生産の技術のこれから

1. 身の回りの製品に高度な技術あり

　技術科の授業としては、以上のような３次元CAD（「立体グリグリ」）による３次元設計→ディジタル加工機（「グリロボ」）による製作の後に、現実の社会において、このような３次元ディジタル生産の技術がどのように活用されているのかを必ず調べさせたい。

　図６（次頁）は、ある生徒が、卒業直前の最後のレポートとしてまとめたものである。インターネットでCAD/CAM (Computer Aided Design/Computer Aided Manufactureing) などを調べ、関連するCAE (Computer Aided

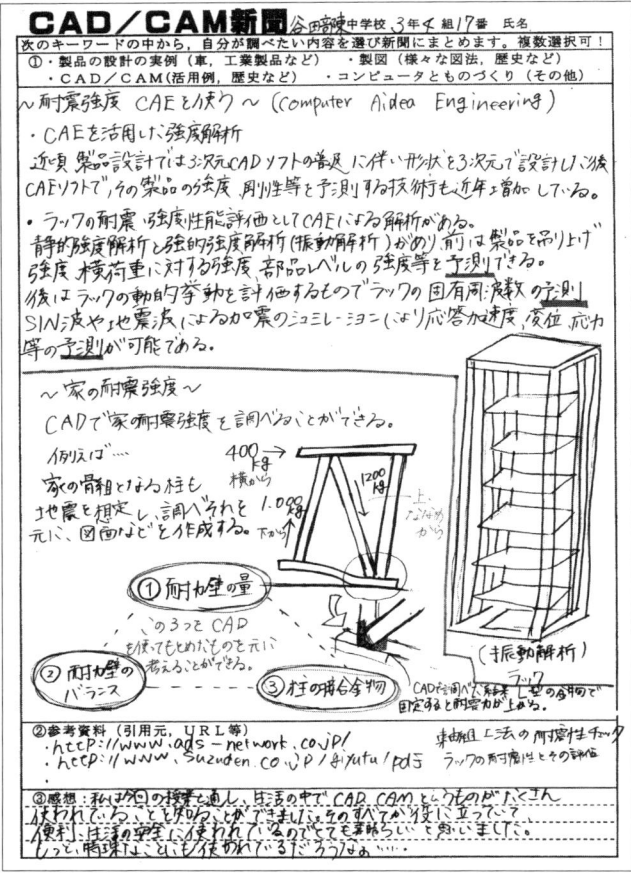

図6　CAD/CAM新聞

Engineering）について整理してある。CAEは、耐震強度を数値解析したり、コンピュータ上で仮想実験（シミュレーション）を行ったりするなど、3次元CADデータを積極的に活用した3次元コンピュータシステムである。

現実に私たちの生活を支える多種多様な製品が、すでに3次元を駆使した高度なディジタル生産システムによって生み出されている。

3次元CADデータの作成からそれを直接利用したディジタル加工機による製作までを一貫して学ぶことは、現在ばかりでなく未来の生産システムやその課題を実感豊かに考えさせるためには欠かすことができない学習である。

2. これからの教育用3次元CAD

一般向けの3次元CADソフトウェア「SketchUp Make」や「123D Design」などは、無償で利用できるけれども、高機能なため習得には時間を要する。しかし、これらを教師が使いこなし、生徒の目の前で実際に使

第2部　技術科の授業

用してみせると、生徒たちの授業への取り組みの姿勢が変わってくる。3次元プリンタについても同じだろう。実際に3次元プリンタが動作している様子を見せるだけでも、自分たちが今取り組んでいる学びの意味や価値を実感させることができる［門田 2013］。

また、3次元設計（データ作成）については、生徒たち自身に最初から行わせなくても、教師があらかじめ用意した立体データに変更を加えるような授業の進め方も考えられる。また、遠隔地の学校同士で分担して、共同で1つの製品を設計する授業を行うことも可能である。

なお「立体グリグリ」はワイヤーフレームモデルであるという限界がある。機能を必要最小限のものに抑えて短時間で習得可能な、3次元プリンタへの出力にも対応した教育用3次元CADソフトウェアの登場が待たれる。

おわりに

教育用3次元CADソフトウェアによる3次元データの作成、およびその3次元データを直接利用したコンピュータ制御加工機による製作。技術科では、この3次元設計・製作の一連のプロセスを教え学ぶ営みを明確に位置づけるべきである。

20年後の技術科教室は、どのように変わっているだろうか。レーザー加工機や3次元プリンタなどのコンピュータ制御加工機があまねく設置され、インターネットなどの情報通信ネットワークのなかに組み込まれているだろうか。

「3次元ディジタル生産の技術」に関する授業は、技術科にとって、現在を豊かにするばかりでなく、教育の未来を語るうえでもなくてはならない存在である。

参考文献

門田和雄『3次元プリンタではじめるデジタルモノづくり――わかる使う作る――3Dプリンタの自作にもチャレンジ』日刊工業新聞社、2013年

技術教育研究会編『3次元ディジタル作品の設計・制作――「立体グリグリ」と「グリロボ」による簡易CAD／CAM実習』（コンピュータネットワークでひらくもの作りの技術別冊）技術教育研究会、2012年

クリス・アンダーソン（関美和訳）『メイカーズ――21世紀の産業革命が始まる』NHK出版、2012年

第12章 食料生産の技術に関する授業

はじめに

　2008年の「中学校学習指導要領」により技術科の「栽培」が「生物育成に関する技術」と変更されたことは画期的な意味をもつ。「花や野菜の栽培」という目的から食べるための「生物育成」に変わったうえに、水産や畜産にまで学習対象の選択範囲が拡大したからである。これからは、子どもたちの住む地域のなかの食料生産の営みに教材を求めた授業が期待される。これは、地域社会のなかの学校の自然な姿であり、父母の思いにも応えるものであろう。

　本章では、授業で取り上げることが多いと思われる作物栽培を中心として「食料生産の技術」の授業づくりを展望する。

第1節　「食料生産の技術」を教え学ぶ意味

1. 食料生産の現実に迫る人々の強い願い

　食料についての人々の意識は、食材の品質の面で著しく高まっている。とくに、近年の有機栽培や遺伝子組み換え食品への関心は、健康志向の高まりや食品「偽装」事件とも相俟って食料の生産方法や生産手段を問うという、ブラックボックス化された食料の生産過程の内実に迫ろうとする志向を強く含んでいる。生活協同組合の活動への参加等を通して食料生産の現場を管理し、自らも商品としての食料の生産に関与しようとする市民も主婦層を中心として少なくない。

　食料に関するこうした人々の意識の根底にあるのは、食料の安全性への懸念である。生産の結果として手にした食料の品質それ自体をひとりの消費者として評価するだけではなく、食料の安全性を本質的に担保する条件に関する関心を、生産の方法や手段にまで押し進めているところにこの問題の切実性がある。

2. 技術科の重要性と役割

　健康的で良質な食料を求める人々のこの意識傾向は、子どもたちのなかにもみられる。食料の安全性を確保し、健康の源とすることは地球的規模での緊急の課題であることがさまざまな機会や多様なメディアにより広く社会に浸透してきたからである。

　現行の国の教育課程基準では、技術科は、子どもたちが食料生産の理論と実際について学ぶ貴重な場となっている。それは、技術科がすべての子ども・青年たちのための普通教育の一環として「技術および労働の世界への手ほどき」を行う日本で唯一の教科制度であるからであり、しかも技術科は、1958年の誕生以来、「栽培」領域を放棄せずに位置づけてきた。

一般に、子どもたちは、教師が思っている以上に食料生産への関心が高い。その背景には、自分で育てたものを自分が食べるという、根源的な要求に親や教師が意識をむけてこなかったためにこれまで体験できなかった分野だからであることと、食料についての社会的な関心の高まりがある。その一方で、子どもたちのなかでは、食料生産についての雑多で誤りも少なくない情報知や経験知が混在している。

　普通教育としての技術教育を担う技術科の授業では、食料の量と質をともに適切に確保するための「食料生産の技術」に着目し、この技術とそれが結びついた労働の世界に関する科学的認識の学習と食料生産の技能を育むリアリティー豊かな学びの活動とを保障したい。「食料生産の技術」に関する科学的認識と技能の獲得は、子どもたちにとって、食料生産が自らの手でできることへの確信と自己の可能性のたかまりを実感させ、食料生産に関する的確な視野（技術・労働観）を形成する基盤となる。

第2節　単元「食料生産の技術」――基本的枠組み

1．概　要

　すべての子ども・青年たちが普通教育の一環として学ぶ「食料生産の技術」の学習内容は、主に農業生産の技術および労働についての基本的な理解をねらいとして構成される。

　農業は、食料としての生物を育て、その量と質を確保し、経営を成り立たせることを本質としている。この意図的・計画的な営みは、人類が古来より築き上げてきたものである。それゆえ、「食料生産の技術」についての科学的認識と技能を人類の歴史的な文化の蓄積として学ぶことは、これからの社会を生きる子どもたちにとって、食料についての価値観を形成するうえで欠かすことはできない。

2. 食料生産の歴史的性格

　狩猟・採集の移動生活から定住して農耕を始めた人々にとって、冬を無事に生きのびることは最大の課題であった。食料の貯蔵はそれぞれの居住地域の気象条件のもとで多様に考案されてきたが、人間の活動のためのエネルギー源であるうえに長期の貯蔵が可能な穀類の発見と改良は人々の生活を安定化させた［中尾 1966］。

　同時に、食料の貯蔵は量的な拡大により富の蓄積となり、階級分化の主要因になった。これ以降、多くの国々では、食料生産は余剰農産物の獲得という、国家・民族の経済を支える中心的課題となった。現代においても食料生産は国民生活の水準と密接な関係にあり、国民の現在と将来の社会生活の構築を大きく左右する営みであり続けている。

　技術科で対象化する「食料生産」は、個人が行う"食（物）づくり"という視野ではなく、社会的ものづくりの一環としての食料生産、すなわち、商品としての食料を市場に供給する農業としてとらえる必要がある。

3. 食料生産の科学

　19世紀末以降、とくに第1次世界大戦（1914〜1918）を契機とする自然科学の急速な発達（国家による「科学」の動員）は、農業の生産力をも著しく高めた。農業に関する近代科学は、生産者の個人的経験や一部の熟達した篤農家の作物栽培の従来の方法を科学的に裏付けるとともに、作物の生育の一般的法則や個々の作物の生育に適した環境条件の解明、栽培の目的に応じた品種の開発と育種、化学工業の発達による化学肥料等の普及および農業機械の開発と導入などにより、単位面積あたりの収穫量を飛躍的に増大させた［野口 1965］。

　そこで、技術科において行う作物栽培に関する授業では、作物の生育環境を個別的にとりあげるだけではなく、生育のための諸条件について、発芽以前の段階から枯死までを総合的に関連づけて教える必要がある。

たとえば、栄養生長から花芽の分化を経て生殖生長に移行する作物の生育相の変化と、その契機となる温度や日長の意味などを知らせ、収穫をみすえた人の手による作物の生育環境設定の内実を教えたい。これらを教材化することは、植物生理の知識を農業生産技術の視点で再構成させることになる。このとき、単に植物の生育の条件や特徴等を学ぶ理科的な学習の枠にとどまるのではなく、市場に供給される食料として、収穫を達成するための技術的・経済的課題を明確にし、現実社会で営まれる農業生産現場の具体的課題を子どもたちにも共有させることが肝要であり、ここに技術教育としての食料生産の授業の特徴と役割がある。

4. 食料生産の方法

概して子どもたちは、農業生産を、科学的な裏付けをもたない、経験則の蓄積による非合理的な営みであると外観的にみている。技術科の授業では、子どもたちのこうした曖昧で誤った生活概念を再構成していかなければならない［河野ほか編著 2011］。仮に、技術科の授業に「食料生産」ということばをあてはめたとしても、作物栽培を身近な家庭生活の視点から「生活技術」の一部として家庭園芸的に体験させるのであれば、その食料生産の授業は本質を見失っているといわざるをえない。

農業生産として行われる作物栽培では、育てる作物は商品として価値づけられるのだから、作物ごとに固有の一般的・地域的栽培法が確立され、多くの農家はこの栽培法により生産に取り組んでいる。言い換えれば実際に行われる農作業にはすべて合理的な意味がある。ゆえに、技術科で取り扱う個々の農作業にも合理性と科学的な意味があることを知らせたい。

また、作物栽培の諸作業は、育成する対象が作物という生物であるから、作物の将来的な生育状況を想定しながら作業の意味を教えることにより授業で行う価値をもつ。これらはみな「あらかじめ行う」という性格をもつ作業である。たとえば、作物の病気を防ぐために敷きわらをして葉への泥の跳ね返りを防止するなど、作物がこれから生育するうえで必要となる条

件や障害を予想して今、対策をとる。土壌環境条件の整備や害虫による被害および病気発生への有効な対策は「予防」につきる。これらを教材化するときには、できるだけ実際に行われている栽培法に従うことである。栽培方法を簡便にすると実際に行われている作物固有の作業が欠落して教育内容が乏しくなるばかりか、リアリティーを失うことになりやすい。

5．食料生産の課題

　20世紀における食料生産は、先進工業国では品種改良や新品種の開発とともに化学工業や機械工業の発達により量的拡大をはかることができ、世界の人口の爆発的増加による食料不足を緩和させる役割をはたした。しかし、他方では、とくに第2次世界大戦（1939〜1945）後の世界は、食料の不足と過剰、飢餓と飽食という不均衡が続いている［速水ほか 2002:1-2］。化学肥料や農薬の多投による塩類集積などの土壌汚染、生態系の錯乱のほか、耕地拡大のための機械力による略奪的な原生林伐採は、表土流出や河川の汚濁をもたらすなど、全体として農業生産性を低下させる要因が増加している。さらに、アジア、アフリカで続く急激な人口増加の一方で、地球規模での淡水不足や温暖化に伴う異常気象などによる耕作放棄地の増加も進み、世界における1人あたりの耕地面積は減少を続けている［ブラウン 2003:61-87］。このような状況下でも毎年8000万人規模で増え続ける人々の食料をどうしたら確保できるのか、人類共通の課題である。

　日本においてはこの半世紀で耕地面積が3分の2程度まで減少し、2012年度の穀物自給率（重量ベース）は27％である。農業従事者も高齢化と跡継ぎ不足で減少し続けている。将来の世界の食料事情が相当厳しいと予想されるなかで、子どもたちは、日本の食糧自給率の低さに驚き、食料の輸入に依存し続ける日本の食料政策を自分たちの問題として受けとめる。

第3節　単元「食料生産の技術」の内容

1. 作物栽培に関する授業の基本概念

（1）科学的認識に関する概念

①環境
- 土壌：物理的性質、化学的性質、土性、腐植、団粒構造、土壌pH
- 気象：温度、光、湿度、風
- 生物：土壌動物、土壌微生物、作物の病気、雑草、昆虫、鳥獣

②作物
- 遺伝性：原産種と生育環境、品種、一代雑種
- 作物の生育：発芽と休眠、感温相、感光相、花芽の分化、栄養生長、生殖生長、光合成と転流、受粉と受精
- 肥料：有機質肥料、無機質肥料、三要素、中量要素、微量要素、過剰障害、欠乏障害、化成肥料、複合肥料
- 病害虫：害虫、菌類、細菌類、ウィルス、寄生、天敵
- 連作障害
- 有機栽培

（2）技能に関する概念

栽植密度、播種法、定植、畝と畝間、株間、間引き、摘心、摘芽、支柱とネット元肥と追肥、中耕、かん水、除草、マルチ、栽培法（遮光栽培・電照栽培・水耕栽培・容器栽培ほか）、病害虫防除

（3）技術・労働観に関する概念

- 耕作不能地の増大：灌漑用水の不足、塩類集積、表土流出、土壌浸食、砂漠化
- 世界人口の増大：食料不足、耕地不足
- 地球温暖化：異常気象、生態系の異変
- 育種：新品種の開発、品種改良、遺伝子組み換え作物
- 日本農業の課題：耕地面積の推移、耕作放棄地、農家戸数と後継者、食料自給率、食品の安全性

2. 教材と教育方法

（1）教材となる作物選定の視点

栽培する作物を選定する際に問われるのは、教師の教育目的である。冒頭で述べた教育目的に沿うならば、第一に、生徒の住む地域の農業を反映した作物をとりあげる。第二に、食料生産の科学的認識と技能を多く含み、教室での座学と関連づけることができる作物。第三に、実際の生産現場で行われている栽培環境にすることが可能な作物である。

（2）教材となる作物選定の留意点

学校で作物を栽培する環境が整えられていない場合が多いこと、授業が特定の日時に限定されていることから、収穫までには多くの困難がある。

①生育期間：春は病害虫の被害が出やすいので、予防や防除には特に留意したい。秋まきの作物は、次第に冷涼となる時期に生育するので病害虫の被害が少ない。

②収穫時期：長期休業中の管理は問題が多いので、収穫はその前にすませる。収穫が休業中も続くと授業として終結させにくい。

③ 作　　物：結実しないと収穫できない作物は、登熟にばらつきがあるうえに収穫時期が限定されたり収穫が長期におよぶので週に一度の授業では対応が難しい。作物によっては害虫や気象条件などにより、収穫に至らない場合もある。
④ 培　　地：容器栽培の場合、土の量が少ないほど土壌環境は不安定になるのでまともな収穫が困難になる。水耕栽培の場合であっても土壌についての基本事項は指導し、そのうえで水耕の特殊性や技術的課題など、経営上の優位性と問題点を理解させる。土壌についての指導は、作物栽培の指導内容の中核に位置する。
⑤ 農 薬 等：経営上の必要性はないので指導はしても使用させない。スプレー式のものでも生徒が正しく使用するとはかぎらない。石灰窒素はよく使われている肥料だが、農薬としての毒性もあるので授業では使用しない。しかし、農業経営の面からは農薬等の使用は避けられない。病害虫の防除の教材化は、食料生産を農業ととらえる授業の要点の1つである。

（3）指導過程の留意点

①栽培計画

栽培方法と作物の固有の生育過程および人の手による管理作業が相互に関連づけられて集約されたものである。したがって、計画の作成には作物栽培についてのひととおりの知識と経験を要する。授業では、教師が栽培計画の骨格を示し、収穫後に学習のまとめとして子どもたちが細部を完成させていく方法のほうが授業として効果的である。この意味から、2年連続の栽培実習は多くの教育的成果が期待できる。

②観察記録

作物は、気象要素の変化により各生育段階において顕著な形態上の変化が認められる。観察スケッチでは、この点を観察し確認させたい。子ども

たちは、スケッチに陰影をつけたり外形線がとぎれているなど、美術科の授業でのスケッチのように印象を描くので事前の指導が必要である。気象データや他の生物の生息状況の記録は、作物の生育過程を総括するとともに次作に反映させるための資料なので、教師が蓄積して授業で活用することに意味がある。

③作物固有の栽培法

産地で一般に行われている典型的な方法で栽培する。その方法が最も効率がよく、収益がえられるからである。ここには作物固有のさまざまな技能が含まれている。施肥量は肥料計算で求める指導をする。

④収穫物の計量

小売価格をもとに生産者の粗収入を算出し、資材費、人件費、税金等から純利益を試算する。これにより農業をとりまく多くの問題が認識できる。

⑤収穫物の評価

収穫物は、家庭に持ち帰らせたい。家庭でも評価されることによって子どもが主役の多様な話題になり、子ども自身の家族内での存在感を高める。収穫物を持ち帰ったときの家族の反応をレポートさせると栽培学習への子どもの思いや保護者の意識を把握することができる。

3．代表的授業──袋栽培の土づくりの授業

（1）授業の位置づけ

土の物理的性質や土のなかでの生命活動について学習がなされていて、その延長上にある。肥料についても既習であればなおよい。

（2）ねらい

　有機物は、あらかじめ土に混ぜて分解に必要な期間をとることの意味を微生物の働きを中心にして知らせる。

（3）授業展開の例

※Tは教師、Pは生徒を表す。
- T：梅雨が近いので、今日は、秋に育てるダイコンの土づくりをします。
- P：タネまきは秋なのにどうしてこんなに早くやるんですか。
- T：なぜかというと、これ、腐葉土を入れるからです。
- P：どうして腐葉土を入れると土づくりになるんですか？
- T：よい土というのは腐植の多い土でしたね。腐植を補給するために有機物である腐葉土を土にまぜます。すると、どうなる？
- P：分解します。
- P：微生物が食べてる。
- P：ダンゴムシも食べてる。
- P：有機物を微生物が分解して無機物にします。
- T：そうですね。虫や微生物が食べてエネルギーをもらい、たくさん増殖する。そして、有機物は最終的には無機物になっていく。すると、初めは微生物の少なかった土が無機物と微生物でいっぱいの土になる。
- P：何匹くらい？
- T：グランドの土だと有機物が乏しいので1gあたり200万くらいかな。
- P：そんなに！　じゃぁ、畑だと？
- T：普通の畑でその5倍くらい、学校のダイコン栽培の袋では、腐葉土をたくさん入れた特製だから1500万以上かも。
- P：数えたの？　大変すぎる。
- T：そう、大変。一応ね。
- P：一応って？

T：たとえば、1000ccの水に土１ｇを入れてよくかき混ぜて、その１滴を培養して１匹の微生物が増殖して目に見えるようにする。それを数え、あとは比例計算で１ｇの土が入っている1000ccの場合の微生物の数を推定する。だから、○○万くらい。

P：微生物、多すぎ！

P：無機物がいっぱいできるからいい。

T：微生物って、何をしているんだっけ。

P：作物の肥料をつくってくれます。

T：有機物が肥料になるのは、微生物が無機物に分解してくれるからでしたね。ただ、腐葉土は有機物だけど、分解されても肥料となる成分が少なすぎて肥料としての効果は期待できない。ここでは、腐葉土により、微生物を増殖させることが目的です。肥料は、腐葉土とは別に化学肥料を使います。

　ここで初めに戻ると、有機物が無機物になるのには微生物による分解の時間が必要です。だから３カ月も前に腐葉土を入れる。微生物もたっぷりのえさでよく増殖して、おまけに死んだ微生物も分解され、土壌の生命活動が活発になる。すると、さらにいいことがある。

P：微生物のことで？

T：１つは、そう。

P：もっとある？

T：土のなかにたくさんの種類の微生物がバランスよくいると、土のなかで生物的面での状態が全体として安定するので作物の生育に適した環境になる。反対に、特定の種類の微生物だけが繁殖すると作物の病気が発生しやすくなります。だから、多くの種類の微生物が増えるように腐葉土を混ぜるということです。もう１つは何だと思う？　土がよくなります。

P：よくなる？

P：微生物じゃなくて？

T：土の粒の話。

P：団粒とか、単粒とか……？

T：そう、どっちがいいんだっけ。

P：団粒構造です。

T：団粒構造の土にするうえで腐葉土は重要な働きをします。また、そういう土は水はけや水もちがいいということばかりか、流れてなくなりやすいカリウムやカルシウムもしっかりキープしてくれます。

P：ダイコンが育ちながら腐葉土が分解するということで、腐葉土を混ぜるのはタネをまくときでもよくないですか？

T：有機物の分解だけなら問題はないけど、それには別の問題がある。

P：よくないこと？

T：市販のダイコンではみることができないけど、先の方が何本にもわかれた変な形のダイコンができてしまうことがときどきあります。

P：あっ、知ってます。おばあちゃんとこでダイコンが足みたいにわかれているのをみたことがあります。

T：そう、どうして3本足みたいなダイコンになる？

P：偶然？……じゃない……か……。

T：まず、根の先端がかたい土のかたまりにあたるとまたわれになります。肥料のかたまりがあってもだめです。それから、未分解の有機物でもまたわれの原因になることもあります。だから、タネをまくときに腐葉土も混ぜるというのはよくない。他には、タネにはじめからそういう性質をもったものもある。少なくとも、他とは色や形が違ったタネは使わないこと。

　みんなは袋栽培なので土を新しい袋に入れるときに袋をかぶせて逆さにして入れる。そのとき土が砕けるし、たくさんの腐葉土により腐植が多いから土がかたいということはない。それから、上の方にあった土は今度は袋の底になるから雑草の種や害虫の卵があっても問題ない。ただ、タネをまくときに土に混ぜた腐葉土が分解してなくて、葉の形が残っているようだとよくない。それでちゃんと分解する期間をとるために、梅雨に入って作業ができなくなる前の今の時期に土づくりをするというわけだ。

おわりに

　どうしたら自分の手でおいしい野菜を育てることができるのかという学習は、子どもたちにとって興味のあることであり、収穫には感動的な喜びがある。味がよいこと、十分な量があること、この両者が体感できてはじめて喜びが実感となる。そのとき、子どもたちは、その根拠となった学習内容の価値と教師の意図を理解し、学んだことをわがものとして忘れないように脳裏にきざもうとする。

参考文献

　河野義顕、大谷良光、田中喜美編著『技術科の授業を創る――学力への挑戦』(改訂版) 学文社、2011年

　レスター・R. ブラウン (北城恪太郎監訳)『プランB――エコ・エコノミーをめざして』ワールドウォッチジャパン、2003年

　速水佑次郎、神門善久『農業経済論』(新版) 岩波書店、2002年

　中尾佐助『栽培植物と農耕の起源』岩波書店、1966年

　野口彌吉『栽培原論』(訂正改版) 養賢堂、1965年

第13章

ロボットコンテスト・知財に関する授業

はじめに

　中学校において、「ロボットコンテスト」あるいは「ロボコン」と称する競技用のロボット製作学習が、技術科教師の自発的実践として始まったのは、1991年頃である（以下、この取り組みを「ロボコン」）。当初はごく一部の学校・地域の実践であったが、マスコミの注目も集めながら、次第に草の根的な広がりを見せていった。そして2000年に、全日本中学校技術・家庭科教育研究会の主催によるロボコンの全国大会が開催された頃から、全国的な広がりとなった。また、全国大会ばかりでなく、各地で各種地方大会も多数開かれるようになった。ロボコンのように、教育行政に主導されずに、各学校・教師たちの自主的・自律的な取り組みとして全国規模の一大潮流となったものは、技術科の歴史のなかでも極めて珍しい。

　ロボコンは、選択の技術科の授業での実践が多かった。ところが、2008年の中学校教育課程基準の改定は、事実上、中学校の選択教科を機能停止に等しい取り扱いにした。2012年度以降、この制度改変により、ロボコン

が実践できなくなった学校が急増した。必修の時間を活用すればよいという考え方もできるが、必修の授業は、教え学ぶ内容を精選し、基礎的・基本的な学力を定着させることに重点を置きながら、スモールステップで学習を進ませていく必要がある。技術科教育に新たな一石を投じたロボコンの実践は、質量ともに転換期を迎えている。

第1節　ロボコンの教育的意味

1.「選択技術」での経験

　ロボコンの実践そのものについて詳述する前に、選択の技術科の授業について若干述べておきたい。

　1998年一部改定の「学校教育法施行規則」では、中学校の「選択教科等に充てる授業時数」（年間の標準授業時数）は、第1学年で0〜30時間、第2学年で50〜85時間、第3学年で105〜165時間と定められていた。この選択制の一環としての技術科は、一般に「選択技術」と呼ばれ、ロボコンのほか、鋳造による銅鏡づくり、大型の木工製品づくり、省燃費車を製作して競技会に挑戦［箕田2005］など、学習指導要領の枠組みを越えた創造的な実践を生み出す機会・場となっていた。

　そもそも技術科の必修の授業時数は少なく抑えられてきたが、1998年の「学校教育法施行規則」一部改定から、3年生では年35時間に半減されるなど、必修の時間内でのダイナミックな実践はより困難になってきた。その一方で、力量のある教師らは、選択の技術科を活用し、必修の時間では扱いにくい授業にも取り組んだ。選択の技術科における上記の実践でも、何より指導する教師自身が生き生きと取り組んでいる。その意味で選択の技術科は、力量のある技術科の教師たちにとって、底力を発揮し、実験的な授業開発を行える機会であったという見方もできる。

　「選択技術」での実践記録は、今後の技術科にとって貴重な財産である。

このエッセンスを必修の授業のなかにも生かすことが重要になっている。後述する「知財」の取り組みはまさにそうした意義をもつ。

2. ロボコン実践の3要素

(1) ロボコンのもつ競技性

　ロボコンは、教育内容的には主に機械やエネルギー変換に関する技術に属するけれども、従来の技術科の実践とは異なる要素がいくつかある。それゆえに、ロボコンに対する技術（科）教育関係者の評価は賛否が大きく分かれてきた。この要素は、競技性、創造性、協同性の3つに分類できる。

　このうち、ロボコンが生徒や教員を魅了する最大の要因は競技性である。ロボコンは、通常、操縦者がロボットを用いアイテムを操作してポイントを得る対戦型の競技である。動き回るロボットで勝敗を競う姿に、製作した生徒や指導した教師のみならず、会場の観客の心も揺さぶる。こうした競技性をもつがゆえに、ロボコンでは、生徒たちがロボット製作に「のめり込む」状態も生まれてくる。この点が、多くの実践者がロボコンを支持する所以(ゆえん)である。ロボコンはこうした競技性を教育活動として効果的に利用しながら、容易に生徒らに内発的動機づけを与えることができる。

(2) ロボコンによる創造性と知的財産

　ロボコン実践者が、教育活動の成果として最も重要視するのが、創造性、いわゆる工夫・創造する能力の向上である。生徒らは、競技に向かって試行錯誤するなかで、さまざまなアイディアを生み出す。生徒たちのアイディアの創出は、ロボコンの競技性や共同性に後押しされて加速していき、時として指導者側の想定を越える優れたものも生み出されてくる。こうした生徒たちのアイディアは、彼・彼女たちの知的活動の成果物（知的財産。以下、「知財」）といえる。従来、技術科において取り扱う知財は、著作権か発明くらいで、知財のなかでも知的財産権（知財のうち、「法令により定

められた権利又は法律上保護される利益に係る権利」〔知的財産基本法第二条2〕）が対象であった。しかし、普通教育としての技術教育の観点から課題化するならば、知的財産権とともに、広義の知財について扱う必要がある。

　現代において、それらに関わり、さらには知的財産権や知財制度と社会および産業との関わりはより深くなっているが、技術の発展との関わりは深い。人類は過去から現在に至る生活や産業のなかで、知財として多くの知恵や創意工夫、発明等を創出し、蓄積・発展させてきた［Boulding 1992］。この観点から考えると、普通教育としての技術（科）教育のなかに、知的財産権のみならず、知財を適切に位置づけていく必要がある。

　ロボコンは、学校教育の場で生徒たち自身が、こうした知財を溢れ出るように生み出すサイクルを比較的容易につくり出すことができる。生徒らが、より優れたロボットを製作したいという強い熱意を推進力として、仲間と全力を投じて試行錯誤する過程において、多くの合理的なアイディアやノウハウを生み出す。教師は、それらを知財としてすくい上げ、授業のなかに位置づける。生徒たちのアイディアは、現実社会で効力を発する知的財産権に結びつかなくても、一定の合理的な思考に裏打ちされた独創性・創造性に富むので、学級内や学校内、ひいては地域の学校ネットワークにおける社会的関係のうちの知財として認められる。この考え方は、ロボット製作以外の取り組みにも応用できる。そして、知財という概念を技術（科）教育のなかに導入することによって、従来、重要ではあるが必ずしも明確であったとはいえない「創造性」の育成という教育課題について、より具体的な指導法や到達目標を設定することが可能となる。

（3）ロボコンによる生徒および教師の協同性の構築

　ロボコンで着目すべき3つめの要素が協同性である。

　生徒たちのロボット製作は、数名のチーム（グループ）による協同作業の形式が取られることが多い。生徒たちは、チーム内で主体的に役割分担をして、競技で勝つというわかりやすい共通目標に向かい、製作を進める。

指導者は、競技による動機づけが大きいことから、あえて生徒たちの人間関係を考慮せず、抽選などランダムな方法でチームを編成し、ロボット製作の過程で人間関係づくりを学ばせることも多い。さらに、学校外の社会教育的イベントとして開催される宿泊型のロボコンなどでは、会場に集まった後にランダムに編成したチームを中核にした合宿形式の活動が行われ、広く成果を上げている［吉岡ほか2010］。生徒らは、どこかのチームに所属してルールが明確な1つの競技に向かうなかで、スポーツ競技団（運動部）の取り組みのように次第に一致団結し、チームとしての協力体制が築かれていく。

　協同性に関し、もう1つ重要なことがある。それは、ロボコンが生徒だけでなく、教師の協同性をも生み出すことである。ロボコンでは、地区大会、地方大会など、いくつかの中学校が合同で開催する競技会が普及している。この場合、自ずと教師同士の協力や連携が必要になる。

　このような学校の枠組みを越えた教師集団の形成は、技術科にとって特別な意味をもつ。近年、ほとんどの中学校では、専任の技術科教師は多くて1名が配置されているに過ぎず、技術科教師は教科の専門性において孤立しがちである。また、近年の教師の多忙化により、他校の教師との交流もしにくい。これらの要因により、技術科教師同士の連携や協同性の構築は、以前に比べて格段に厳しくなっている。しかし、近隣学校などと合同でロボコンを開催するためには、運営上教師間の意思疎通や協力関係が不可欠になる。しかも、ロボコンの競技性や創造性が相俟って、競技会をいかに運営し組織するかという課題をめぐって、教師たちの間でさまざまな意見・情報の交流や共有が自然発生的に行われる。こうした教師たちの協同性を生み出すことも、ロボコンの大きな特徴である。

　ロボコンを通して自発的・自律的につくり出された技術科の教師集団は、ロボコン以外の日常的な授業づくりやさまざま情報交換、悩みの共有にも結びついている。この意味は決して小さくない。

3. ロボコンと「技術開発」の模擬体験

　以上の競技性、創造性、協同性という3要素がロボコンの実践をダイナミックにしてきた。しかし、生徒たちが競技（コンテスト）という身近な問題に試行錯誤しながら立ち向かい、合理的な解決策を見つけ出した後、さらに次の高まりのある問題に挑むという、ロボコンのプロジェクト活動的な性格については、経験主義に対する過去の批判と同様、技術教育としての教育内容の系統性が見えにくいという意見も少なくなかった。

　一方、現実の「技術および労働の世界」には、いたるところに問題解決のプロセスがある。NHKが、主に製造業界の独創的な製品開発の試みをドキュメンタリー・タッチで描き出した番組『プロジェクトX――挑戦者たち』（2000～2005年）が社会的反響を呼んだのもこのためであろう。

　ロボコンの場合、最初に生徒はロボットの設計図を作成するものの、多くの場合、製作の途中でさまざまな問題に直面し、その問題解決へのプロセスのなかで初期設計が大きく変化していく。「ロボコン博士」として有名な森政弘は、この製作学習プロセスを現実の技術者の「開発プロセス」と類似していると述べている［森1999］。すなわち、ロボコンを通して生徒たちは、現実社会の「技術開発」を模擬体験しているといえる。

　筆者はロボコンのこの特質を、NHKの上記の番組になぞらえ、「生徒達のプロジェクトX」と名づけた［村松2004］。この「技術開発」の模擬体験こそ、ロボコンを普通教育としての技術教育のなかに位置づける理論的（教育目的論的）根拠になると考えている。

　普通教育としての技術教育は、グローバルな視野でみると、現実社会における「技術および労働の世界への手ほどき」としてリアリティー豊かに営むべきと理解されている。この現実の「技術および労働の世界」のなかにふんだんに認められる問題解決のプロセスを、学校教育の一環としてどう対象化し、生徒たちに保障していくかという、古典的かつ現代的な教育課題に対する1つの答えである。

　以上のように、ロボコンの諸実践は草の根的に広がり、賛否両論があり

ながらも、保護者や地域住民の人々の賛同を得つつ、一定の市民権を得たといってよい。その実践・研究のなかから、知財に関する学びや「技術開発」の模擬体験など、従来の技術（科）教育が見過ごしがちであった新たな内容や論点を浮かび上がらせている。

第2節　ロボコンの到達目標と単元構成例

1. 単元「ロボット開発に挑戦」

　本単元は、必修の技術科の授業内での取り扱いを想定している。前述した知財に関わり、「模擬特許」の仕組みを取り入れるとともに、新たに「消費電力量」を、生徒たちに獲得させるべき基本概念の1つに追加した。

　必修のロボコンにおいて、この「消費電力量」を生徒自身が計測・制御する学びを位置づけることにより、従来対象化してきた「スピード」や「作業効率」のみならず、「エネルギー変換効率」も学習することができる。「エネルギー変換効率」を対象化することは、第9章でも述べるように「エネルギーの技術」を教え学ぶ際に欠かすことはできない。必修の時間内では製作時間が限られるため、選択の技術科で行われてきたような競技性の高いロボット製作は難しい。しかし、知財や「消費電力量」を取り扱うことで、教育活動としてのロボコンに新たな意味を付与できる。

2. 単元構成例

(標準授業時数16時間)

学習項目	到達目標	主な教材・教具
競技説明（1時間）	・競技概要を理解する ・スイッチ回路の仕組みがわかる	見本ロボット 競技コート
機構の基礎（1時間）	・伝達機構・作業部の機構がわかる ・アクチュエータの仕組みがわかる	ロボット見本 各種機構模型
消費電力量（1時間）	・消費電力量の実験ができる ・消費電力量について知り、消費電力量削減のポイントがわかる	各種ギヤボックス 実験用ロボット 消費電力リミッター
基本設計（2時間）	・伝達機構・作業部の機構を設計できる ・重心や機能を考慮した車体が設計できる ・アイデアを図と文章で適切に表現できる	発想のヒント・資料 Jr. 特許申請用紙
ロボットの製作 (9時間)	・金属、プラスチックの基礎的加工ができる ・適切な配線ができる ・各部の機構を組み立て、調整ができる ・製作上の課題を協同して解決できる	組み立て手順書 加工・組み立てに必要な工具
コンテスト（1時間）	・互いのアイディアを認め合い、競技できる ・自チームおよび他チームのロボットの優れている点と改良点がわかる	競技コート
まとめ（1時間）	・チームでの取り組みを振り返ることができる ・実際の技術開発の様子や携わる人の姿を知る	技術開発資料および DVD等の教材

第3節 ロボコン指導の要点と教材・教具およ び新たな授業への挑戦

1. 指導上の工夫

（1）競技の説明

　生徒に学習の全体像をつかませるためにも、授業の初発の段階で競技コートを用意し、見本ロボットの操作をさせたい（写真①）。製作への動機づけのほか、リモコン回路の説明も行うと、回路の構造が体験的に理解できる。競技は、時間数や条件でいろいろな選択肢があるが、「消費電力量」を考慮した省エネロボコンを紹介する。「消費電力量」に違いが出る

①競技場の例

ようにするためには、スロープを設けたり、アイテムに電池など一定の重量負荷をかけるなどの配慮が必要である。また、生徒同士の協同性を育むために、4人グループで2台のロボットを製作して団体戦を行うことや、1台のロボットの足回りと上部の機構部とをペアで分担しながら製作することもできる。

（2）動力部－伝達機構－作業部

　光や電力などの外部エネルギーを機械的な動力に変換する動力部は、ロボコンで製作するロボットの場合、モータ（電動機）が基本となる。モータは、電磁誘導など原理的な側面も軽視できないが、現実社会でのモータの利用場面に着目させたい。競技の内容によっては、プラスチック注射器とビニールチューブを用いた水圧機構の活用もよい（写真②）。水圧機構は、多くの機械類において油圧や空気圧を用いた流体式の伝達機構としての活用を学習させる教材ともなる。

　伝達・減速・増速は、歯車が基本であり、歯数の異なる歯車間の速度伝達比を理解させる必要がある。方向転換、多機能化には、回転運動を往復直線運動や揺動運動へ、さらに回転運動を得るリンク機構などが必要になる。実物模型を用意し、体験的に学習させていくことが有効である。

②水圧機構を利用したロボットの例

第13章　ロボットコンテスト・知財に関する授業

(3) 消費電力量

　基本概念として「消費電力量」を教える場面では、専用の教具「消費電力リミッター」を用いる［アシダ］。「消費電力リミッター」は、2チームの対戦型競技用である。チーム毎に使用可能な消費電力量の上限を設定し、電源を各ロボットに供給する。この教具を用いることで各チームの使用可能な「消費電力量」などを画面上に表示できる（図1）。設定消費電力量を超えたチームは給電停止となる。視覚化することで、ロボコンでもエネルギー変換効率を対象化することが容易になる。そして「消費電力リミッター」で負荷等の実験をすることにより、効率のよい設計や操作法も学習できる。

　また、簡易的に電気二重層コンデンサを活用する方法もある（写真③）。容量10Fであれば、フル充電でFA-130（消費電流500mA）のモータ2個を50秒近く回転させることができる（誤差がある）。

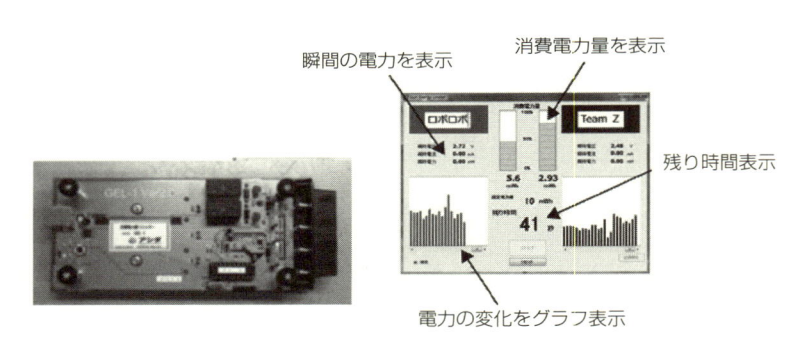

図1　消費電力リミッターの利用

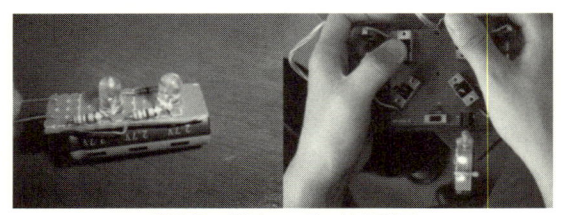

③電気二重層コンデンサの利用

（4）基本設計

　ロボットの持ち上げる・つかむ・取り込む・放出する、という4つの基本動作について、機構模型や資料を提示し、設計を支援する。製作経験自体が乏しい生徒たちを、機構図や関連資料のみにもとづいて、実際にロボットの機構を設計・製作するレベルに引き上げることは容易ではない。生徒の活用が想定される機構に絞って紹介したり、見本ロボットを提示したりする工夫が必要である。この際、後述する知財の観点も組み込むとよい。

（5）ロボットの製作

　現在は、教材会社が、穴あきフレームなどロボット製作用の部品類を販売している。市販品の活用は製作作業の効率化や完成度の向上につながるほか、規格や互換性も学習できる。同時に、製作過程で生じる材料等のムダ（廃棄物）に目を向けさせ、生産における廃棄物の削減など、環境問題に対する知見も養う。必修の時間で実践する場合は、なるべく短時間でロボットを完成させる必要がある。機構部分のユニット化で製作の効率化を図れる（写真④）。材料加工よりも構想・設計や改良のプロセスに教育目的の重点を置くのであれば、ユニットの活用も有効である。

④ユニット化して製作を効率化

（6）コンテスト

　ロボコンの競技は、勝敗だけでなく、他者のロボットの工夫点を評価したり、互いのアイディアを共有したりする教育的配慮が必要である。生徒

各自の記録用紙にも、結果だけでなく、改良点や気づきなど、自分たちの学習（活動）の歩みがよく表れるような内容をつとめて記入させ、技術的なプロジェクト思考を深めさせたい。試合中に競技の状況を大型画面に映し出すなど演出面を工夫することも、生徒たちの意欲を高め、教師を含む参観者との一体感をつくるうえで有効である。

（7）まとめ

「言語活動の充実」の観点からも、学習のまとめとして、感想文だけでなく、工夫点や製作・活動過程の記録を報告書形式でまとめさせるとよい。また、実際に生産現場で働く「技術者」たちによる「技術開発」の実情を取り上げたビデオの視聴などを通して、自分たちの学びが現実の社会とも関連しているものであることを実感させたい。

（8）評定・評価

評定・評価の方法としては、生徒たち自身による学びの記録集を活用するポートフォリオが有効である。生徒たちには、アイディアスケッチ、作業記録、製作過程の写真記録など、その都度各種ドキュメントを作成させ、一括保存し、教師側の評定・評価でも活用する。とくにチームでの学習の場合、記録用紙に観点を明示し、授業ごとに交代で詳細な記録をつけさせることで、個人ごとの取り組みも一定把握できる。「工夫・創造」に関する評定・評価では、後述する「模擬特許」でのアイディア申請（図2）により、個々人のアイディアの新規性・独創性を評価することもできる。「模擬特許」については後述する。

（9）制御技術に関する学習との連携

レゴ社の商品に代表されるような、モジュール化された各種ユニット等を利用したコンピュータ制御によるロボットキットも増えてきた。これらの市販品を用いて、制御技術を取り入れたロボコンの取り組みも行われている。

2．「模擬特許」を活用した実践例

　ロボコンにおける「模擬特許」実践とは、現実の特許制度を模擬的に導入し、生徒らの発想を促す教育方法であり、筆者らが共同開発した手法である。生徒たちがロボット製作のなかで生み出したさまざまなアイディアを、実際の特許申請のように、所定の申請用紙に図と文章で表現し、教師に申請する（図２）。審査員である教師は、各申請をチェックし、不備な点の修正を要求する。すでに他の生徒が類似のアイディアを申請しておらず、一定のレベルを超えた内容表現がなされていれば、「模擬特許」として認可され、教室内に掲示・公開される。その際、材料と交換可能な「ポイント」もしくは試合時に「特許ポイント」として「ハンディポイント」を与え、優れたアイディアを「特許賞」として表彰するなどのインセンティブを付与する。

　知財に関するインセンティブの仕組みが生徒らに理解されると、さまざまなアイディアが生み出される。授業後の課題としてもよい。

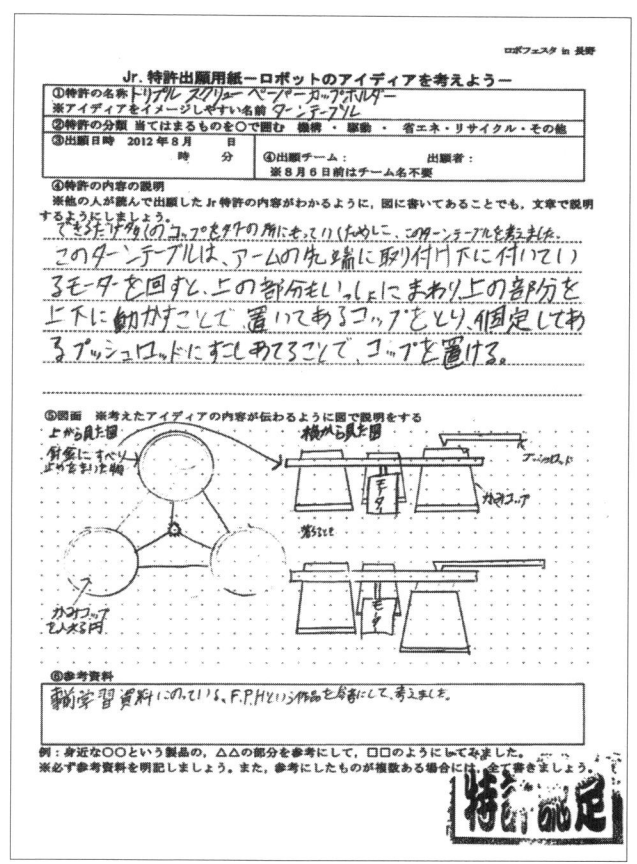

図２　生徒の模擬特許例

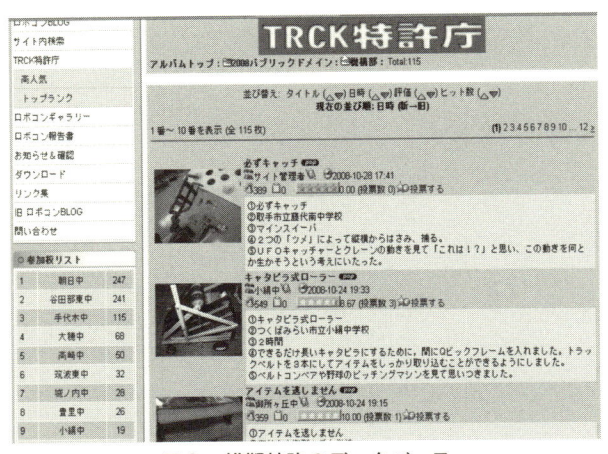

図3　模擬特許のデータベース

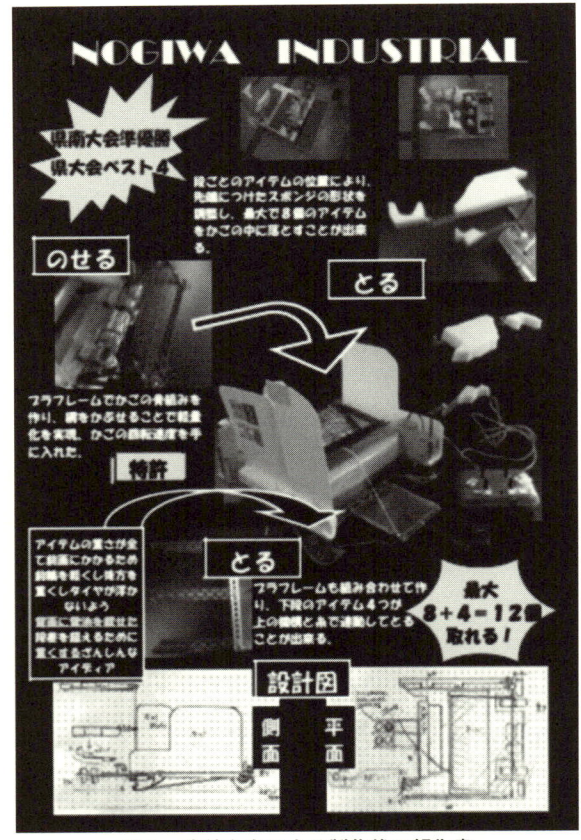

図4　生徒たちによる製作後の報告書
出所：茨城県県南地区ロボット報告書コンテスト（2009）

また、承認された模擬特許を教室内に掲示・公開すると、他の生徒たちが参照し、アイディアが共有されていく。他者のアイディアを利用する場合は、元のアイディアの権利（者）を尊重する意識をもたせることが重要である。それが知財の重要性を理解させることになる。

選択の時間での実践では、特許庁の特許情報データベースのように、「模擬特許」のWebデータベースを構築し、複数の学校間で共有した（図3）。さらにこの実践では、大元のアイディアからさまざまなアイディアが連続的・重層的に生み出された。生徒たちのこの学びを「アイディアの連鎖」と呼んでいる。この試みは、ロボコンのみならず、材料加工の授業にも展開されるなど、発展している［川俣2008］。

生徒たちによる製作後の報告書づくりにも知財の観点を導入し、コンテスト形式の導入などの工夫を凝らした結果、質の高い報告書が次々と生み出されていった（図4）。ここでも「アイディアの連鎖」が認められた。
　知財の試みは、ロボコンを越えた、より広い教育利用が展望できる。

おわりに

　技術科の一部の教師たちが自発的に取り組み始めたロボコンは、急速に全国規模の一大潮流に成長した。これは、ロボコンそれ自体が、教育的に豊かな競技性・創造性・協同性を保持し、生徒・教師・保護者たちを魅了してきたことによるばかりではない。ロボットの開発・製作が、現実の「技術および労働の世界」におけるプロジェクト活動、すなわち、合理的な試行錯誤の積み重ねによる技術開発に類似するからであろう。それゆえに、ロボコンは知財とも緊密な関連があると認められてきた。知財を生徒たちにとっての文化の構築・継承であるという観点からとらえると、著作権法の禁止事項を知らせることにとどまりがちだった従来型の知財教育の枠組みを再構成し、知財を普通教育としての技術教育のなかに位置づけ直すことにもつながるであろう。

参考文献

吉岡利浩、村松浩幸、松岡守ほか「ロボット製作学習の学習プロセスを経験させる『合宿型事業モデル』の教育評価」『日本産業技術教育学会誌』第52巻第4号、日本産業技術教育学会、2010年、pp. 263〜270

川俣純「時間と空間を越えてアイディアを共有・継承する学習環境づくり」『教育』第58巻第10号、2008年

箕田大輔『モーターボーイズ！──クルマづくりに懸けた、中学2年間の汗と感動の物語』日本実業出版社、2005年

村松浩幸「生徒達のプロジェクトX──チーム学習で取り組んだロボコン」
　『第17回東書教育賞入選論文集・中学校』2004年
森政弘『ロボコン博士のもの作り遊論』オーム社、1999年
Boulding, Kenneth E., *Towards a new economics : critical essays on ecology, distribution, and other themes,* Edward Elgar, 1992, pp. 51-61.

アシダ「消費電力量リミッターGEL-1」
　▶http://www.ashida-design.com/limiter.html（2014年9月1日アクセス）

終 章

希望をつむぐ21世紀の技術科教育

はじめに

　今日の日本の子ども・青年たちは、生きづらい現代社会の荒波のなかを懸命に歩み続けようとしている。
　こうした苦悩する子ども・青年たちにとって、多様な他者とかかわり合いをもち、個性と違いがぶつかり合いながら信頼が築かれる人間関係は、自分たちの自信を主体的に育み、将来への確かな希望をつむぐ上で欠かすことができない。「技術および労働の世界への手ほどき」として行われる技術科の授業は、こうした豊かな人間関係を学校教育の場でつくり上げることができる貴重な機会となっている。子どもたちは、技術科の授業において、人々の暮らしや生活を根幹で支える技術・労働の世界に関する種々の学び、とくに自らの力を総動員して臨まなくてはならない多彩な実習に参加し、そこでの課題に全力で立ち向かい、社会的に通用する基礎的な実力を身につけていく。
　私たちは、誰一人として、人間らしく尊厳をもって生きる権利を有して

いない者はいない。こうした当たり前であるべき基本的人権のあり方を再確認することが、技術科の授業を進める上で、今日ますます重要になっている。

第1節　技術科の教育力に確信をもつ

1. 人間関係がつらく、孤立しがちな子ども・青年たち

　2007年、ユニセフ（国際連合児童基金：United Nations Children's Fund）が公表した「先進国における子どもの幸せ」に関する報告書（イノチェンティ・リポート・カード7）は私たちに大きな危機感を呼び起こした［古荘 2009］。15歳の子どもを対象にした国際調査において［UNICEFイノチェンティ研究所編 2010:68-69］、「孤独を感じる」と思う者の割合が日本は約30％にも達し、概ね5～10％程度であった他の国々と比べて日本のみが突出して高かったからである。また、「居心地が悪く、疎外感を感じる」と思う子どもの割合も日本は15～20％の範囲のほぼ中間値を示しており、最も高かった。
　こうした日本の子どもたちに特徴的に認められる自信の弱さは、改善するどころか、悪化の度合いを深めているように思われる。
　2009年、日本国内で子ども・青年のためのチャイルドラインを運営する認定NPO法人チャイルドライン支援センターが、発足後10年間を振り返り、この間に声を寄せた子ども・青年の苦悩の状況を公表した［チャイルドライン支援センター 2009(b)］。チャイルドラインは、18歳以下の子ども・青年たちが無料で利用できる「子ども専用電話」である。2001年度以降の8年間の電話総数は約77万件。2003年度頃から件数が急増し、とくに2008年度は前年度比で約34％増加した。この2008年度に声の内容で最も多かったのは「性」問題であり約20％、次に多かったのが「人間関係」で約14％に上った。
　2009年度以降もチャイルドラインの着信数は、わずかながら減少しつつもほぼ横ばいの状態が続いており、最新の2012年度のデータで年間約21万

件と報告されている［チャイルドライン支援センター 2013］。この2012年度の声の内容で最も多かったのは「人間関係」であり、約18％に達している。前年の2011年度も同じく「人間関係」に悩む子ども・青年たちの割合が最も高く、約18％であった［チャイルドライン支援センター 2012］。

チャイルドライン支援センターは、別の機会にも、子ども・青年たちの孤立感や人間関係のつらさを訴える声が近年「圧倒的に多くなって」いること、そしてその背景には、壊れやすい友だちとの関係など「失敗が許されない緊張した人間関係がある」と指摘している［チャイルドライン支援センター編 2009 (a)］。

筆者が教員養成系大学で教えている学生たちのなかにも、複雑な人間関係のなかで孤立感におびえ、心が折れそうになった経験を告白してくれる者が近年目立つようになった。ある女子学生は、「いじめ」にあったときの過去の自分を、「空気っぽい」あるいは「空気状態」と表現してくれた。筆者は、彼女のこの語りのなかから、彼女が「空気」にならないための"ここに私がいる"という存在証明を切実に欲していたのではないか、あるいはいまでも求めているのではないかと強く感じた。

このこととの関連で筆者が気づいたことの１つは、大学内にゴミを放置する学生たちの多さやその特徴である。むろん、こうした学生たちの行動の背景には、親のしつけや家族のあり方など、幼少時からの教育環境の変化という社会的要因が認められるけれども、そればかりではないだろう。筆者は、飲み残しのペットボトルや食べ終わったコンビニ弁当のパッケージなどの飲食物のゴミが、大学内のいつも決まったところに放置されているのをたびたび目撃してきた。このゴミは、ゴミの主の"ここにいたよ"という自らの存在証明だったのではないだろうか。

今日の日本の子ども・青年たちにとっては、切り離されがちな自分と他者とが、違いを認め合いながらしっかりと結び合い、さらなる一歩を踏み出すことこそが、生きるエネルギーになっていると考えられる。

2. 新たな生きづらさが子ども・青年を取り巻く

　社会学者の土井隆義（1960～）は、いまの日本の子ども・青年たちに課題とされている現代の人間関係づくりは、人々の価値観が多様化した今日の時代の産物であり、それゆえ問題の根は深く、克服へのしっかりとした仕組みづくりが求められるとしている［土井 2009］。

　土井は、「現在は、場の空気に流されない一貫的な自己では生きづらい時代」であり、子ども・青年たちは、「相手の反応を敏感に読みとってつねに良好な関係を保ち、相手からの評価を得やすいように自分の個性を効果的に提示し続け」ることが強く求められるようになったこと、しかし、社会的価値観の多様化にともない人物の客観的な評価基準が曖昧となり、他者と良好な関係を保ち続けることは「非常に困難」になっていると分析している。そこで今日の子ども・青年たちは、自分の個性の「ある側面だけを切り取って強調した自分らしさの表現」として「キャラ」を生み出し、「異質な人間」を「圏外化」して排除した、狭く閉鎖的で「宿命主義」的な「類友の世界」のなかに浸りながら、「グループ内の1人ひとりに配分されたキャラをはみ出す」ことなく、「相互に協力し合ってキャラを演じ」合うことが不可避とされるようになったとみている。

　実際に、都立工業高校教員の辰巳育男は、いまの工業高校生たちのなかにも「オタク」という「閉ざされた人間関係」によって保持された「非常に過ごしやすい『同じタイプ』のみのコミュニティ」を中心として学校生活を過ごす新たな層が確実に「増えている」と述べている［辰巳 2008］。すなわち、この辰巳の指摘は、閉鎖的で限定的な人間関係のなかで生きようとする子ども・青年たちの問題に対し、「技術・職業教育・訓練」の側からしっかりと向き合うことの大切さを実践現場から鋭く提起したものとみるべきであろう。

　技術科は、すべての子ども・青年たちのための普通教育としての技術教育を担う日本で唯一の教科制度である。技術科の教師は、今日の日本の子ども・青年たちをこのような閉鎖的で予定調和的な人間関係から解き放ち、

ともに伸びていこうとする未来志向の人間関係のなかへ、意図的に仕組んで導き入れなければならない。子ども・青年たちは、多様な他者と関わり合いをもち、個性と違いがぶつかり合いながら信頼が築かれる豊かな人間関係のなかで、自分たちの自信を主体的に育んでいくことができる。

3. いま「技術・職業教育・訓練」の教育力と教師の潜在力に確信をもつ意味

　筆者が長年参加している技術教育研究会が、2008年に「子ども・青年の今と技術・職業教育」という特集のもと会員から意見を募ったことがある。

　この特集のなかで、茨城県の公立中学校技術科教員の川俣純は、勤務先の中学校では「孤立した生徒がクラスに何人もいる」こと、しかも周りの生徒たちが他者に無関心で全く気にも留めず、「互いにあまり関わりあわない」と近況を伝えている〔川俣 2008〕。

　しかし川俣は、こうした人遠い子どもたちでも、教師や他者からの意図的な働きかけを通して「1人ひとりの生徒に役割が与えられ」、その結果、「自分が誰かの役に立ったという実感」を得ることができたならば、「生徒の社会性」は大きく変わる可能性があり、生徒自身も「大きな達成感」を得ることが少なくないと確信をもって問題提起した。実際に川俣は、体育祭などの学校行事ばかりでなく、とくに中学生のロボットコンテスト（以下、「中学生ロボコン」）を通して、子どもたちに、自分と他者とが互いに譲り合えないすばらしさと欠点をあわせ待ち、それぞれを認め合いながら社会のなかに存在している喜びを実感させることに成功している。すなわち川俣は、中学生ロボコンを通して、生徒たち自身が苦労を重ねて考案した「アイディア」が、他者にも認められ、さらに他者の手でより豊かな「アイディア」へと発展していく創造的な過程を実現させ、そのことを通して子どもたちに、かき消されてしまいがちな自分だけれども、違いを認め合った仲間とともに確かに存在している証を築かせ、社会的集団のなかで成長していく自分たち自身に誇りと確信をもたせている。

　中学生ロボコンは、技術科の教師が自発的に開発・主導して草の根的に

全国に広まった独特な教育活動である（第7章）。この事実からみて、川俣らの中学生ロボコンの取り組みは、技術科あるいは「技術・職業教育・訓練」の教師たちだからこそ成し得たことであり、これらの教師たちがもつ潜在力の大きさを鮮やかに浮かび上がらせているといえよう。

　同じ特集のなかで元・都立工業高校の教師であった斉藤武雄は、ことさらに次のことを強調している。「モノとヒトに立ち向かい、それを変革することを通して自分自身を変革する技術・職業教育の教育力に改めて注目したい」[斉藤2008]。子ども・青年たちは、「技術・職業教育・訓練」の授業において、人々の暮らしや生活を根幹で支える技術・労働の世界に関する種々の学び、とくに自らの力を総動員して臨まなくてはならない多彩な実習に参加し、そこでの課題に全力で立ち向かい、社会的に通用する実力を身につけていくからである。

　何よりも"おとな"の教師たちが、技術科を含む「技術・職業教育・訓練」の教育力と教師の潜在力の大きさに揺らぎのない確信をもつことが、いま、まさに大切になっている。なぜならば、"おとな"もまた、微塵のムダも許そうとしない効率化された働く世界の荒波を受けながら、ゆとりを欠き、傷つき、自信を喪失しつつあるからであり、かつそのことが、子ども・青年たちの生きる希望をも低下させている大きな背景の1つになっているからである。

第2節　「3.11」後の技術科の課題

1. 世界の平和と安全のための希望をつむぐ「技術・職業教育・訓練」を

　2011年3月11日午後に発生した「東北地方太平洋沖地震」は、「東日本大震災」の名のもとに、東北地方太平洋沿岸を中心とする広範な地域に想像を絶する甚大な被害と深刻な事態を生じさせ、人々を深い悲しみと混迷の淵に突き落とした。

この「東日本大震災」は、日本政府が「戦後最大の危機」と表現したほどに多大の被害と犠牲を人々に強いた。それはこの大災害が、未曾有の広域的かつ複合的災害となったからである。最初に、マグニチュード9.0という世界の観測史上でも類い希な強い地震が発生したのち、広範囲に震源域が形成され、巨大な津波が急襲するなど、自然の猛威それ自体によって壊滅的な被害が広く生じた。そしてその次に、福島県太平洋沿岸に立つ東京電力福島第一原子力発電所（以下「第一原発」）が、全面廃炉に至るほどの大事故を起こし、深刻な原子力災害を次々と発生させてきたからである。日本政府は、この第一原発事故について、発生後1カ月が経過した2011年4月中旬、1986年のチェルノブイリ原子力発電所事故と同じく国際評価尺度（INES）で最も「深刻」なレベル7（暫定）に相当すると発表した。第一原発は全面廃炉となることが決定しているが、この廃炉作業には少なくとも半世紀近くの年月を要することは間違いない。

　このように「3.11」の惨禍は、日本国内のみならず、地球的規模で、人々の暮らしと生命を危険にさらすとともに、容易には解決しがたい重大かつ長期に及ぶ自然環境的・社会経済的問題になった。こうした厳しい困難に直面している「3.11」以降、技術科の教師たちは、改めて「技術・職業教育・訓練」の教育力に確信をもち、将来を担う子ども・青年たちと、また、その子ども・青年たちのすこやかな育ちに日々思いを馳せる保護者や地域の人々と、確かな希望をつむぎ合うことに全力を投じるべきである。技術科の教師として「3.11」"後"の技術科のあり方を考えることは、今日なお決して軽んじられるべきではないだろう。

2. 「相手意識に立つ」という諏訪市「ものづくり科」の挑戦

　日本では、2000年代に入って以降、いわゆる地方分権化時代を迎え、学校教育界においても、地方自治体の新自由主義的再編と連動して、地域特有の新たな公立学校づくりが大きく進展し始めた。

　この新たな動きは、多面的に進められているけれども、市（特別区を含

む）町村が、各地域の特色を打ち出しながら、小学1年から中学3年までの義務教育9年間を一貫した教育課程を編成しようとする試みの出現が注目される。たとえば、横浜市教育委員会による「横浜版学習指導要領」（2008～2009年）はその典型の1つであろう。

こうした公立学校の小・中一貫に関する動向については、技術教育についても対象外とはされずにそのうちに含まれている。むしろ、2008年の中央教育審議会答申により「社会の変化への対応の観点から教科等を横断して改善すべき事項」の1つとして「ものづくり」が提案されて以降、小・中を一貫した「ものづくり」教育を担う教科等の新設という動きとしても現れるようになった。

具体的には、製造業が主要な地場産業に位置づく一部地域において、公立小・中学校が、地元企業や地域住民と連携を取りながら、小・中一貫の「ものづくり」教育を行う、地域独自の教科教育を新たに発足させる動きが現れている。東京都大田区での「Technology Education」の試行（2004～2006年度）、長野県諏訪市での「ユーザー視点のものづくり」の試行（2005～2007年度）と「相手意識に立つものづくり科」の発足（2008年度）、富山県高岡市での「ものづくり・デザイン科」の試行（2006～2008年度）と発足（2009年度）、新潟県三条市での「ものづくり学習の時間」の試行（2007～2009年度）、栃木県上三川町での「未来創造科」の試行（2010～2012年度）などの動きである。

このうち恒常的な取り組みとして行われているのは、高岡市の「ものづくり・デザイン科」と諏訪市の「相手意識に立つものづくり科」の2つである。

高岡市の「ものづくり・デザイン科」は、小学5年から中学1年までの3年間の必修教科として位置づけられている。

これに対して、諏訪市の「相手意識に立つものづくり科」は、小学1年から中学3年までの9年間の必修教科とされており、注目される。諏訪市では、2008年度から、市内のすべての市立小・中学校（小学校7校、中学校4校、計11校）において、小学1年から中学3年までの9年間を一貫し

た「相手意識に立つものづくり科」が特設された（以下、この教科を「ものづくり科」）。この諏訪市の「ものづくり科」は、管見の限り、技術教育を行う普通教育としては公立学校において唯一の、小学1年から中学3年までの9年間を一貫する教科教育である。諏訪市教育委員会は、2012年度、この「ものづくり科」の取り組みに対して、文部科学省と経済産業省が共同実施する「キャリア教育推進連携表彰」において「最優秀賞」を受賞した。

　普通教育としての技術教育あるいは「技術・職業教育・訓練」の観点からみると、「ものづくり科」の取り組みのなかでとくに注目し得ることは、事実上、本格的な技術教育への志向性が強く示されていることである。このことは、教科の名称のうちの「相手意識に立つ」というユニークな字句に端的に表現されている。すなわち、「ものづくり科」において子どもたちが製作する物品は、基本的に、製作者（子どもたち）自身で使用するためのものではなく、製作者以外の他者が利用するものとして目的化されていることである。このことは当該教育活動の原則とされている。

　このように「ものづくり科」では、児童・生徒が、地元企業や地域住民の協力を得ながら、自分以外の者の要求に見合った物品を製作して「相手」に贈呈したり、製作物の販売体験（「チャレンジショップ」）等を行っている。他者による利用を前提とした物品の製作と提供をめざしているので、目的意識の明確化、他者とのコミュニケーションや共同作業の尊重、製図・図面の重視、道具・材料の取り扱い等が大切にされている。

　日本では、類似の教育活動を展開しようとすると、家庭内生活に役立つという発想を重視にした家庭科的ものづくりや、製作者個人の独創的なアイディアを重視しようとする趣味的あるいは芸術的なものづくりを志向する傾向が強くなることが多いけれども、諏訪市では、製作（生産）と提供（供給・販売）が一体化した社会性豊かな「相手意識に立つものづくり」という枠組みが大切にされている。その意味で「ものづくり科」は、本書の序章等で述べた、グローバルスタンダードとしての普通教育としての「技術・職業教育（・訓練）」に迫るものであると考えられる。実際に、た

とえば、イングランドの義務教育課程における全11年間一貫の必修教科「設計と技術（Design and Technology）」では、「『使う人が求める製品の構想・設計』及びその過程での『問題解決』が重要であるとの共通理解」が認められる［有川ほか 2013:61］。

3.　「3.11」後に生きる子ども・青年のために

　諏訪市「ものづくり科」の2011年度までの取り組みに関する調査結果によれば、「ものづくり科」では、あらゆる子どもたちに、自分以外の者が安全・安心に利用できる物品を自らの責任で製作し、手渡すことのできる力量を、小・中を通して段階的に身につけさせることが企図されている［坂口・吉田 2013］。「ものづくり科」が、すべての子どもたちのためという普通教育の一環として位置づくのは、まさにこのようなリアリズムに裏打ちされた豊かな社会性ゆえであろう。

　こうした諏訪市の挑戦は、日本全国において、普通教育としての技術教育を世界的水準に見合うものとして構築することをめざすとき、何よりも子ども・青年たちに開こうとする「技術および労働の世界」あるいは「ものづくり」の世界を、個人的な自己満足に終始する等の閉鎖的なものとしてではなく、つねに他者や自然との密な関係を取り結ぼうとする社会性豊かな現実世界として理解しなければならないことを教えてくれている。

　とりわけ「3.11」以降、こうしたリアリティーに溢れる普通教育としての技術教育を、可能な限り多くの機会、あらゆる子ども・青年たちに提供していくことがますます重大な課題になっている。

　「3.11」は、構造的で短期の解決が不可能な自然環境的・社会経済的問題を種々生じさせた。このため、一命を取り留めても、企業活動の停止や原発周辺から住民が避難を余儀なくされたことなどにより、働く場や機会を失ったり、転職を強いられた人々は少なくない。

　翻って生産を担う企業の側に視線を移すと、巨大企業を中心に極度の経営合理化・効率化を追求してきたメーカー系企業は、自動車産業に典型的

にみられたように、大震災発生後、半導体やゴム製品など、ある部品1つの生産・流通が停滞しただけで、それに関連する製造業界全体の活動が世界的規模で数カ月以上も「正常化」できなくなる異常な事態に陥った。物流・小売業界等も同様であり、食品等の生活必需品や医薬品の流通・販売も著しく滞るなど、被災地を中心として人々の命や生活を脅かす深刻な状態を招いた。

　すなわち、「3.11」は、子ども・青年たちを取り巻く現実の生産の世界では、働きがいのある人間らしい労働（ディーセント・ワーク）を実現することがますます困難になっている不合理さばかりでなく、働くことが、より強力な合理化・効率化のうねりに組み込まれた結果、人々の暮らしを豊かにするどころか、逆に、システムとして機能しなくなると図らずも人々の生命を絶ちかねない事態を生み出すという、非人道的で破滅的な脈絡が強まっている惨状を改めて露呈することになった。この新自由主義的な束縛の構造から、すべての子ども・青年たちが解放されなければならない。そしてそのためには、彼・彼女たちが、現実の「技術および労働の世界」の本質的部分を、自らが実感し納得するものとしてつかみ取ることができなければならず、またそれを、自らの手で、人々が永続的に生きる希望をつむぐことが可能なものへ高めることができなければならない。

　諏訪市の「ものづくり科」の営みの核心は、児童・生徒たちが、自分（製作者）以外の者が利用する物品を製作し、提供するという、資本主義社会の根底に位置づく商品生産の基本的特質を教育活動の基盤に置いていることにある。その意味で「ものづくり科」の取り組みは、現実社会を成り立たせている原理へ子どもたちを導き、彼・彼女たちに社会で通用する力量を身につけさせようとする営みであり、リアリズムに裏打ちされた社会性に富む重い試みであるといえよう。

　すべての子ども・青年たちは、人間らしく尊厳をもって生きる権利を有する。「相手意識に立つ」という「ものづくり科」の教育的意図が日本の普通教育界に投じた意味は決して小さくないであろう。

おわりに

　すべての子ども・青年たちのための普通教育としての技術教育は、グローバルスタンダードに即すならば、「技術・職業教育」あるいは「技術・職業教育・訓練」の一環に位置づけられるべきものである（序章）。このことは、国連を中心とする世界各国が、人間として、これだけは譲れないという基本的人権の観点から定立した綱領である。

　人間らしく尊厳をもって生きるためには、働きがいのある人間らしい労働（ディーセント・ワーク）を営むことが基本的人権として認められなければならない。すなわち、国際的には、働きがいのある人間らしい労働に支えられて、人間らしく生きるためには、すべての子ども・青年たちに普通教育としての「技術・職業教育（・訓練)」が提供されなければならないと考えられている。日本の技術科は、こうした基本的人権の保障と行使に見合う制度と実態を具えなければならない。

　「技術および労働の世界への手ほどき」という命題には、すべての子ども・青年たちが、将来への希望をつむぎ合い、生涯を通じて幸福を追求しつづけることができるようになるための人々の重い願いが込められている。「3.11」の厳しい現実は、このことを痛切に教えてくれている。

※本章の第1節と第2節1は、筆者が中心となってまとめた技術教育研究会常任委員会「基調報告（案）」［技術教育研究会常任委員会 2009・2011］の一部を加筆・修正したものである。

参考文献

有川誠ほか「イングランドのDesign and Technologyの現状と課題」『日本産業技術教育学会誌』第55巻第1号、2013年

坂口謙一、吉田翔太郎「地方分権化時代の小・中一貫ものづくり科に関する調査研究（Ⅰ）」『技術教育研究』第72号、2013年

技術教育研究会常任委員会「第44回全国大会 基調報告（案）」『技術と教育』第451号、2011年

UNICEFイノチェンティ研究所編（国立教育政策研究所・国際研究・協力部訳）『先進国における子どもの幸せ』国立教育政策研究所、2010年

技術教育研究会常任委員会「第42回全国大会 基調報告（案）」『技術と教育』第427号、2009年

チャイルドライン支援センター編『子どもの声に耳をすませば――電話でつくる「心の居場所」』（岩波ブックレットNo.755）岩波書店、2009年（a）

土井隆義『キャラ化する／される子どもたち――排除型社会における新たな人間像』（岩波ブックレットNo.759）岩波書店、2009年

古荘純一『日本の子どもの自尊感情はなぜ低いのか――児童精神科医の現場報告』（光文社新書404）光文社、2009年

川俣純「自分は役に立つという実感が、子どもを輝かせる」『技術と教育』第420号、2008年

斉藤武雄「子ども・青年の今と技術・職業教育」『技術と教育』第420号、2008年

辰巳育男「みんな『フツウ』の高校生」『技術と教育』第420号、2008年

チャイルドライン支援センター「2012年度 実施報告」2013年

チャイルドライン支援センター「2011年度 実施報告」2012年

チャイルドライン支援センター「チャイルドライン支援センター記者会見資料」2009年（b）

▶http://www.childline.or.jp/（上記3点、2014年9月1日アクセス）

■■ 編著者紹介 ■■

坂口謙一（さかぐち・けんいち）　　　　　　　　　　　　　●序章、終章、第1・2章

　1962年生まれ。1996年名古屋大学大学院教育学研究科博士課程後期課程単位取得退学。現在、東京学芸大学教育学部准教授（技術・職業教育学専攻）。主な著書に、『産業教育・職業教育学ハンドブック』（共著、日本産業教育学会編、大学教育出版、2013年）、『実践情報科教育法──「ものづくり」から学ぶ』（共編著、東京電機大学出版局、2004年）、『現代教育史事典』（共著、久保義三ほか編著、東京書籍、2001年）、『技術教育・職業教育の諸相』（共著、佐々木亨編、大空社、1996年）ほか多数。

■■ 執筆者紹介 ■■

有川誠（ありかわ・まこと）　　　　　　　　　　　　　　　　　●第9章
　　　福岡教育大学教授

尾高進（おだか・すすむ）　　　　　　　　　　　　　　　　　　●第6章
　　　工学院大学准教授

川瀬勝也（かわせ・かつや）　　　　　　　　　　　　　　　　　●第4・7章
　　　同志社大学理工学部嘱託講師、前同志社中学校校長

川俣純（かわまた・じゅん）　　　　　　　　　　　　　　　　　●第11章
　　　つくば市立竹園東中学校教諭

直江貞夫（なおえ・さだお）　　　　　　　　　　　　　　　　　●第8・12章
　　　工学院大学・東京学芸大学非常勤講師

疋田祥人（ひきだ・よしと）　　　　　　　　　　　　　　　　　●第5章
　　　大阪工業大学准教授

本多満正（ほんだ・みつまさ）　　　　　　　　　　　　　　　　●第3章
　　　鹿児島大学教育学部教授

村松浩幸（むらまつ・ひろゆき）　　　　　　　　　　　　　　　●第10・13章
　　　信州大学教育学部教授

（五十音順／敬称略／●以降は執筆担当箇所）　※現職所属は執筆時

■ 監修者紹介 ■

橋本美保（はしもと・みほ）

1963年生まれ。1990年広島大学大学院教育学研究科博士課程後期中途退学。現在、東京学芸大学教育学部教授、博士（教育学）。専門は教育史、カリキュラム。主な著書に、『明治初期におけるアメリカ教育情報受容の研究』（風間書房、1998年）、『教育から見る日本の社会と歴史』（共著、八千代出版、2008年）、『プロジェクト活動——知と生を結ぶ学び』（共著、東京大学出版会、2012年）、『新しい時代の教育方法』（共著、有斐閣、2012年）、『教育の理念・歴史』（新・教職課程シリーズ、共編著、一藝社、2013年）、ほか多数。一藝社「新・教職課程シリーズ」（全10巻、既刊）を監修。

田中智志（たなか・さとし）

1958年生まれ。1990年早稲田大学大学院文学研究科博士後期課程満期退学。現在、東京大学大学院教育学研究科教授、博士（教育学）。専門は教育思想史、教育臨床学。主な著書に、『キーワード現代の教育学』（共編著、東京大学出版会、2009年）、『社会性概念の構築——アメリカ進歩主義教育の概念史』（単著、東信堂、2009年）、『学びを支える活動へ——存在論の深みから』（編著、東信堂、2010年）、『プロジェクト活動——知と生を結ぶ学び』（共著、東京大学出版会、2012年）、『教育臨床学——「生きる」を学ぶ』（単著、高陵社書店、2012年）『教育の理念・歴史』（新・教職課程シリーズ、共編著、一藝社、2013年）、ほか多数。一藝社「新・教職課程シリーズ」（全10巻、既刊）を監修。

教科教育学シリーズ⑩
技術科教育

2014年9月15日　初版第1刷発行

監修者　橋本美保／田中智志
編著者　坂口謙一
発行者　菊池公男
発行所　一藝社

〒160-0022　東京都新宿区新宿1-6-11
Tel.03-5312-8890　Fax.03-5312-8895
http://www.ichigeisha.co.jp　info@ichigeisha.co.jp
振替　東京00180-5-350802
印刷・製本　シナノ書籍印刷株式会社
ISBN 978-4-86359-088-5 C3037

©2014 Hashimoto Miho, Tanaka Satoshi, Printed in Japan.

定価はカバーに表示されています。落丁・乱丁本はお取り替えいたします。

本書の内容の一部または全部を無断で複写（コピー）することは、
法律で認められた場合を除き著作者及び出版社の権利の侵害になります。

一藝社の本

教科教育学シリーズ［全10巻］
橋本美保・田中智志◆監修

《最新の成果・知見が盛り込まれた、待望の「教科教育」シリーズ！》

※各巻平均210頁

01　国語科教育
千田洋幸・中村和弘◆編著
A5判　並製　定価（本体2,200円＋税）　ISBN 978-4-86359-079-3

02　社会科教育
大澤克美◆編著
A5判　並製　定価（本体2,200円＋税）　ISBN 978-4-86359-080-9

03　算数・数学科教育
藤井斉亮◆編著
A5判　並製　定価（本体2,200円＋税）　ISBN 978-4-86359-081-6

04　理科教育
三石初雄◆編著
A5判　並製　定価（本体2,200円＋税）　ISBN 978-4-86359-082-3

05　音楽科教育
加藤富美子◆編著
A5判　並製　定価（本体2,200円＋税）　ISBN 978-4-86359-083-0

06　体育科教育
松田恵示・鈴木秀人◆編著
A5判　並製　定価（本体2,200円＋税）　ISBN 978-4-86359-084-7

07　家庭科教育
大竹美登利◆編著
A5判　並製　定価（本体2,200円＋税）　ISBN 978-4-86359-085-4

08　図工・美術科教育
増田金吾◆編著
A5判　並製　定価（本体2,200円＋税）　ISBN 978-4-86359-086-1

09　英語科教育
馬場哲生◆編著
A5判　並製　定価（本体2,200円＋税）　ISBN 978-4-86359-087-8

10　技術科教育
坂口謙一◆編著
A5判　並製　定価（本体2,200円＋税）　ISBN 978-4-86359-088-5

一藝社の本

新・教職課程シリーズ [全10巻]
田中智志・橋本美保◆監修

《一流執筆陣による新カリキュラムに対応した「教職教養」シリーズ！》

※各巻平均216頁

教職概論
高橋 勝◆編著
A5判　並製　定価（本体2,200円＋税）　ISBN 978-4-86359-065-6

教育の理念・歴史
田中智志・橋本美保◆編著
A5判　並製　定価（本体2,200円＋税）　ISBN 978-4-86359-057-1

教育の経営・制度
浜田博文◆編著
A5判　並製　定価（本体2,200円＋税）　ISBN 978-4-86359-067-0

教育心理学
遠藤 司◆編著
A5判　並製　定価（本体2,200円＋税）　ISBN 978-4-86359-060-1

教育課程論
山内紀幸◆編著
A5判　並製　定価（本体2,200円＋税）　ISBN 978-4-86359-058-8

道徳教育論
松下良平◆編著
A5判　並製　定価（本体2,200円＋税）　ISBN 978-4-86359-066-3

特別活動論
犬塚文雄◆編著
A5判　並製　定価（本体2,200円＋税）　ISBN 978-4-86359-056-4

教育方法論
広石英記◆編著
A5判　並製　定価（本体2,200円＋税）　ISBN 978-4-86359-064-9

生徒指導・進路指導
林 尚示◆編著
A5判　並製　定価（本体2,200円＋税）　ISBN 978-4-86359-059-5

教育相談
羽田紘一◆編著
A5判　並製　定価（本体2,200円＋税）　ISBN 978-4-86359-068-7

ご注文は最寄りの書店または小社営業部まで。小社ホームページからもご注文いただけます。

一藝社の本

Foundations of Educational Research
教育学の基礎

原 聰介 ◆ 監修
田中智志 ◆ 編著
高橋 勝・森田伸子・松浦良充 ◆ 著

四六判 並製 240頁 定価：本体2,200円＋税
ISBN 978-4-86359-027-4

今日の教育には、リアルな事実認識の上に果敢に理想を掲げるというスタンスが求められている。教育の基本問題に切り込むために、教育学研究の4つのカテゴリー（哲学的、歴史的、社会学的、比較教育的）について、厳密な概念を用いて核心的論述を展開する。

■

【目次】
第1章／学校という空間〜教育人間学の視界から
第2章／知識の教育
第3章／教育システム〜社会の中の教育
第4章／戦略的教育政策・改革と比較教育というアプローチ

■

採用試験合格のための必修用語1300
教職用語辞典

原 聰介 ◆ 編集代表

四六判 並製 ビニール装 512頁 定価：本体2,500円＋税
ISBN 978-4-901253-14-7

現職教員、教育行政関係者、教員採用試験受験者や教職課程の学生等のための学習・実践・研究の手引書。最新の「教育改革」の動きを的確にとらえた充実した内容。調べやすく使いやすいハンディタイプ。類書のない画期的な用語辞典。

ご注文は最寄りの書店または小社営業部まで。小社ホームページからもご注文いただけます。